Stefan Klein
Heilige Kühe und Computerchips
Indische Gegensätze

Stefan Klein

Heilige Kühe und
Computerchips
   Indische Gegensätze

Picus Reportagen

Picus Verlag Wien

Die Deutsche Bibliothek – CIP-Einheitsaufnahme

Klein, Stefan:
Heilige Kühe und Computerchips : indische
Gegensätze / Stefan Klein. – Wien: Picus Verl., 1999
(Picus Reportagen)
ISBN 3-85452-712-8

Copyright © 1999 Picus Verlag Ges.m.b.H., Wien
2. Auflage 2000
Alle Rechte vorbehalten
Grafische Gestaltung: Dorothea Löcker, Wien
Umschlagabbildung: Foto Christopher Pillitz,
Network/Contrast
Druck und Verarbeitung: Remaprint, Wien
ISBN 3-85452-712-8

Inhalt

Für A. C.
Vorwort 9

Ein Mitternachtskind, Originalausgabe
Das Schicksal der Freiheit 14

Eine Witwe geht durchs Feuer
Nur aus einem Grund ist die Frau des toten Rajiv Gandhi
bereit, die Massen zu begeistern 24

Der Pate von Bollywood
In der Film- und Industriemetropole Bombay bedroht ein
Hitler-Verehrer und brutaler Hindu-Führer die letzten Reste
von Demokratie und Rechtsstaatlichkeit 32

Ashram der Unverdrossenen
Wie funktioniert die größte Demokratie der Welt? 39

Selbst die Geier meiden die Türme des Schweigens
Indiens Parsen sind vom Aussterben bedroht 47

Leben vom letzten Dreck
Die Unberührbaren erheben Anspruch auf Würde 57

In der Fabrik der kleinen Menschmaschinen
Die Streichholzkinder von Tamil Nadu 68

Der Tanz um die goldene Gans
Besuch bei Phoolan Devi, die als Königin der Banditen
zur Filmheldin geworden ist 79

Eine kleine, mutige Frau
Die wechselvolle Karriere des ersten weiblichen Polizeioffiziers
Indiens zeigt, daß sich Geradlinigkeit, Klugheit und
Unbestechlichkeit nicht unbedingt auszahlen 88

Die Heizer der Sandhölle
Wenn Kieslaster im Flußbett des Ganges beladen werden 101

Chips ja, aber bloß nicht aus Kartoffeln
Der starke Reiz von High-Tech, Brathühnern und Nacktfotos 108

In den Schluchten der giftspeienden Phut-Phuts
Die Verkehrsströme in Indiens Hauptstadt sind nicht mehr zu bändigen, und niemand versucht ernsthaft, die lebensbedrohlichen Verhältnisse zu ändern 116

Heimsuchung in der Nacht des Elefantengottes
Lokaltermin im Erdbebengebiet von Maharashtra 124

Ein Land erwacht als Paria
Indien nach der Pest: Der Alptraum wird verdrängt 132

Das Fenster Indiens
Funktionierende Anarchie:
 Mit dem Zug von Bombay nach Kalkutta 138

Kardamon, Zimt und der Geruch von Gewalt
»Die Menschen hier werden nicht vergessen, was ihnen von den Indern angetan wird« 151

Feuer im Reich der sieben Schwestern
Indiens vergessener Nordosten 158

Für A. C.

Vorwort

Natürlich habe ich mich vor Indien gefürchtet. Natürlich hatte ich es für eine schiere Unmöglichkeit gehalten, dieses Land jemals begreifen, geschweige denn beschreiben zu können. Aber ich hatte ja meinen Freund A. C. Vor dem pflegte ich meine ganze Unsicherheit auszubreiten, in der Hoffnung, daß er mit ein paar eloquenten Sätzen Ordnung in meine Verwirrung bringen würde. »Ist es nicht so, daß die BJP genaugenommen eine faschistische Partei ist?« Wir saßen im Taxi, auf der Fahrt ins Erdbebengebiet von Maharasthra. Es war mein erster Einsatz in Indien. Draußen fegte der Monsun in Form von Sturzbächen über das Land. »Faschistisch?« A. C. murmelte etwas, das man so oder auch so verstehen konnte. Ordnung in meine Gedanken brachte es nicht.

Stringer ist die Bezeichnung für einen freien Journalisten, der solchen, die fest angestellt sind, zuarbeitet. »Ich brauche einen Stringer in Indien«, sagte ich zu meinem Chefredakteur, »man kann nicht von Singapur aus verläßlich über Indien berichten, ohne einen festen Mann vor Ort zu haben.« Das leuchtete ein, und so kam ich an A. C. Saxena, den langjährigen Nachrichtenchef des *Indian Express*.

Von dem sollte ich dann noch häufiger Erklärungen hören, die man so oder auch so verstehen konnte, und am Anfang hat mich das, zugegeben, nicht selten irritiert. Aber da wußte ich ja auch noch nicht, daß dies A. C.s Art war, mich von der grauen Theorie abzubringen und mir stattdessen den Blick zu öffnen auf das wahre Indien, in dem es ziemlich egal ist, ob man die Hindu-Nationalisten von der »Bharatiya Janata Party« (BJP) faschistisch nennt oder andere.

Das wahre Indien? Da lacht der Inder, denn natürlich gibt es tausendundein Indien, wo man vergeblich nach Wahrheiten sucht. Denn richtig ist fast immer auch das Gegenteil. In diesem Irrgarten kann man leicht die Orientierung verlieren, es sei denn, man hat einen kundigen und verläßlichen Führer. A. C. war dies und noch viel mehr. Ich weiß nicht, wo Bekanntschaft endet und Freundschaft anfängt. Ich weiß aber, daß da in diesem Moloch New Delhi einer auf mich wartete, wenn ich mal wieder angereist kam – einer, der statt des wichtigtuerischen und bedeutungsvollen Gehabes von Journalisten freundliche Gelassenheit ausstrahlte und sich erst einmal nach der Familie erkundigte. Und die politische Lage, A. C.? »Naja, das Übliche halt.«

Vor dem Schreiben einer Reportage ist das Thema zu recherchieren, und davor sind die entsprechenden Termine zu machen. Letzteres ist mit Abstand das Lästigste. Denn da hat man es in der Regel mit Leuten zu tun, die keine Zeit, kein Interesse oder eine Abneigung gegen Journalisten haben. Man nimmt sich vor, höflich zu sein, notfalls auch demütig, aber am Ende knallt man dann doch häufig den Hörer hin und stößt wütende Verwünschungen aus. A. C. stieß nie Verwünschungen aus. Er trug sein Anliegen so liebenswürdig (Englisch: *gentle*, siehe auch *gentleman*) vor, wie es seiner Art entsprach, sagte zum Schluß »I shall be much obliged«, legte den Hörer sanft zurück – und hatte den Termin.

A. C. besitzt, so weit ich weiß, keine Adressen- oder Telefonlisten. Er hat nur irgendwelche Zettel, die er aus irgendeiner Tasche hervorkramt. Ein undurchschaubares und auf Katastrophen programmiertes System – meint man. Ist aber nicht so. A. C. hatte immer die Nummern, die er benötigte, wie er auch stets aus seinem Privatarchiv an Informationen auszugraben verstand, was ich gerade brauchte. Er hatte die Übersicht, die Geduld, die Kontakte – und die Nerven, wenn es wirklich darauf ankam.

Eine Woche hatten wir an der Geschichte über das Gefängnis »Tihar« gearbeitet, das Interview mit der Direktorin Kiran Bedi aber stand noch aus. Es ging auf Mitternacht, und wir wußten, daß Kiran Bedi in ein paar Stunden zu einer Konferenz nach Europa fliegen würde. Ohne das Gespräch mit ihr würden die tagelangen Recherchen umsonst gewesen sein.

Verbitterung, das weiß man, ist in so einer Situation sehr hilfreich. Noch ein bißchen hilfreicher freilich ist es, wenn da einer ungerührt immer wieder zum Telefon greift und sich zum xten Mal sanft danach erkundigt, ob vor dem Abflug nicht vielleicht doch noch Gelegenheit sei ... Es war dann tatsächlich noch Gelegenheit, irgendwann nach Mitternacht, zwischen gepackten Koffern. A. C. sei Dank.

Ein andermal hatten wir in Kalkutta auf Mutter Theresa gewartet, und als wir endlich vorgelassen wurden, da empfing sie uns mit den abweisenden Sätzen: »I don't give interview, I don't give interview.« Ich wollte mich schon umdrehen, als ich A. C. sagen hörte: »Aber an einem Interview sind wir doch gar nicht interessiert, wir wollen nur ein paar Fragen stellen.« Gegen ein paar Fragen hatte Mutter Theresa nichts einzuwenden.

Nicht, daß immer alles geklappt hätte – aber irgendwann konnten auch Pannen unser Verhältnis nicht mehr beeinträchtigen. Wir waren Freunde geworden. Ich war es, der diese Freundschaft immer mal wieder strapazierte – zum Beispiel in Kaschmir, als ich mich in ein wundervoll geschnitztes Hausboot auf dem Dal See verliebt und darauf bestanden hatte, für die letzte Nacht vom Hotel in das Boot auf dem See umzuziehen. Ich wußte, daß die Militanten gelegentlich Touristen von Hausbooten weg entführt hatten – aber was sollte schon passieren in einer einzigen Nacht? »Im Notfall«, sagte ich leichthin zu A. C., »können wir immer noch schwimmen.«

Es war so schön auf dem Boot, wie ich es mir vorgestellt hatte: Handgefertigtes Mobiliar aus Walnußholz, alte Teppiche, duftender Kaschmirtee, und am anderen Morgen aus dem Bett heraus der Blick auf die schneebedeckten Berge. A. C., so stellte sich heraus, hatte es nicht ganz so schön gefunden. Er hatte die Nacht über nervös auf dem Bett gesessen und sich überlegt, wie er sich im Fall des Falles am besten in Sicherheit bringen könnte – als Nichtschwimmer.

Sorry, A. C., ich bin manchmal nicht sehr rücksichtsvoll gewesen. Ich hab' ein bißchen was gutzumachen, und deshalb möchte ich dir gerne diese Sammlung von Reportagen widmen. Ich hoffe, daß sie ein bißchen was widerspiegeln von deinem Indien, durch das du mich fünf Jahre sicher gelotst hast. Sicher sagen kann ich nur, daß diese Geschichten nicht entstanden wären ohne dich. Du hast das Mitternachtskind gefunden und Muthu, die kleine Menschmaschine. Und die Latrinenputzerin Atree und ... und ... und. Much obliged, A.C.

Stefan Klein,
Februar 1999

Ein Mitternachtskind, Originalausgabe

Das Schicksal der Freiheit

Auf der einen Seite steht – weiß auf grün – »Lang lebe Pakistan«. Auf der anderen Seite heißt es: »Unser Indien ist groß.« Auf der einen Seite sind die Pakistani Rangers in dunkelblauen Uniformen angetreten, auf der anderen die indische Border Security Force mit prächtigen Kopfbedeckungen und weißen Gamaschen. Als die Sonne untergegangen ist, werden auf beiden Seiten krachend Eisentore aufgerissen. Stiefel knallen auf Asphalt, große Kerle schwingen Beine und Arme wie Akrobaten – ein militärisches Zeremoniell nimmt seinen Lauf, an dessen Ende im Niemandsland zwischen beiden Staaten feierlich und unter den Klängen von Hörnern die pakistanische und die indische Flagge eingeholt werden. Ein martialisches, aber irgendwie kindisches Zeremoniell – gerade so, als wollten kraftstrotzende Buben auftrumpfen und sich gegenseitig beweisen, was für tolle Kerle sie sind.

Daß man sich so ins Zeug legt, liegt auch daran, daß auf beiden Seiten, wie jeden Abend, Zuschauer gekommen sind, die den demonstrativ wehrhaften Auftritt ihrer Jungs lautstark beklatschen. Das Mitternachtskind mit dem weit ausladenden Turban aus hellblau leuchtendem Tuch klatscht nicht. Es sieht sich die friedliche Feindberührung, den gemeinsamen Auftritt von Soldaten, die eigentlich darauf gedrillt sind, sich gegenseitig totzuschießen, nachdenklich an. Vielleicht spürt es, daß die seltsame Grenzsituation Ausdruck einer Entwicklung ist, von der es selber ja auch geprägt wurde.

Am Tag davor. Begegnung mit einem Mitternachtskind namens Satpal Singh Randhawa. Der Weg zu ihm führt durch die engen Gassen eines Wohnviertels von Amritsar, die gesäumt sind von Abwasserrinnen, in denen eine tintenschwarze, stinkende Brühe steht. Darüber, dicht wie Wolken, Schwärme von Fliegen. In Sachen Hygiene, soviel steht fest, hat Indien in den vergangenen fünfzig Jahren keinen Fortschritt gemacht. Neben der Tür eine Klingel. Wäre unser Gastgeber eines von Rushdies Mitternachtskindern, müßte man sich jetzt auf einiges gefaßt machen: auf einen Jungen etwa, welcher die Gabe besitzt, sich nach Belieben größer oder kleiner zu machen; oder ein Mädchen, das mit Worten anderen Menschen körperliche Wunden zuzufügen vermag. Doch geöffnet wird die Tür von einem Mann, an dem nichts weiter auffällig ist, außer eben jenem gewaltigen, wie Gehörn auf dem Kopf thronenden Turban aus hellblauem Tuch. Ein Mitternachtskind von fünfzig Jahren. Natürlich von fünfzig Jahren, denn sonst wär's ja keins.

Salman Rushdie hat in seinem Schelmenroman »Midnight's Children« jene Inder so genannt, die mit Anbruch des 15. August 1947 geboren wurden – also zu jener Mitternachtsstunde, als in New Delhi Jawaharlal Nehru das unabhängige Indien ausrief. Ein Dichter freilich darf mit der Realität sehr großzügig umgehen und kann mal eben 581 Mitternachtskinder mit phantastischen Eigenschaften erfinden. Ein Reporter tut sich da ein bißchen schwerer. Er muß lange suchen, und auch als er sein Mitternachtskind endlich gefunden hat, bleiben Zweifel, denn es gibt keine Register, die man einsehen, keine Eltern, die man befragen könnte. Doch Randhawas Geburtstag ist amtlich, und was seine Geburtsstunde betrifft, so versichert er glaubhaft, es sei die erste des freien Indien gewesen. Im Rushdieschen Sinne gehört er damit zum Club.

15. August 1947: Kein guter Zeitpunkt, um in Indien geboren zu werden, und erst recht nicht in Amritsar. Denn ganz in der Nähe verläuft die Schnittstelle, wo man den Subkontinent in die zwei separaten Staaten Indien und Pakistan zerlegt hat und wo sich jetzt, mit Rushdie zu sprechen, »die aufgeteilten Nationen im Blut der jeweils anderen waschen«. Hindus, Sikhs und Moslems gehen sich gegenseitig an die Gurgel, Flüchtlingsströme wälzen sich über die neue Grenze. Irgendwo in dem Chaos eine Sikh-Familie aus dem nun zu Pakistan gehörenden Dorf Gobindpura. Sie ist auf der Flucht nach Indien. Ein Kind ist krank, der Vater trägt es, solange er die Kraft dazu hat. Als er nicht mehr kann, wirft er seine Tochter in einen Kanal, weil er findet, daß es besser ist zu ertrinken, als Moslems in die Hände zu fallen. Alle anderen schaffen es, darunter sechs Kinder und ein zwei Monate altes Baby. 28 Jahre später wird das einstige Fluchtbaby aus Pakistan in Amritsar einen gewissen Satpal Singh Randhawa heiraten.

Randhawa hat es besser als seine spätere Frau. Als Sikh lebt er auf der richtigen Seite der Grenze, seine Familie muß nicht flüchten, doch die Welt, in die er hineingeboren wird, hält auch so genug Zumutungen für ihn bereit. Das Horoskop, das seine Eltern für ihn stellen lassen, ist gar nicht mal schlecht, doch es gibt höhere und höchste astrologische Instanzen, die längst ein ganz anderes Urteil haben. So ist das eben, wenn man seinen Geburtstag mit einem Land teilen muß, plötzlich interessiert sich die ganze Astrologengilde für einen, und die ist sich merkwürdig einig: Der 15. August 1947 ist ein unheilträchtiger, von den Sternen verfluchter Tag. Und hat sie vielleicht nicht recht? Im Alter von zwei Jahren verliert Randhawa seine Mutter, eine Stiefmutter tritt an ihren Platz, und für den Jungen beginnt ein Martyrium als eine Art Haussklave. Er ist zu schwach, um sich aufzulehnen. Nach ein paar Jahren bekommt er Typhus. Indiens Mitternachtskinder sind natürlich alle irgendwie verwandt miteinander, vielleicht erklärt das ihre Anfälligkeit für dieselbe Krankheit. Rushdie ließ seine Hauptfigur Saleem Sinai (das ist jener Knabe, der sich auf die telepathische Kunst verstand, anderer Leute Gedankengänge zu betreten) ebenfalls an Typhus erkranken. Er ließ sie allerdings auch wieder gesunden, und zwar mit Hilfe des verdünnten Gifts der Königskobra. Randhawa rettet ein traditioneller Kräuterdoktor. Er ist nun Schüler, und das ist gut so, die Schule ist ein Ausweg aus dem Zwangsregime der Stiefmutter, Mathe wird sein Lieblingsfach. Als er 1963 mit der Schule fertig ist, würde er gerne ein Ingenieurstudium anschließen, aber der Vater hat andere Pläne. Er ist Elektriker von Beruf, hat eine kleine Hinterhofklitsche und braucht den Sohn als Helfer. An einem Tag im Mai 1964 sitzt Randhawa in der Werkstatt und repariert einen Ventilator, als er im Radio hört, daß Jawaharlal Nehru gestorben ist.

Die Randhawas sind gastfreundliche Leute.

Mit Tee, kalten Getränken und Obst wird der Zeitungsmann bewirtet, und diese Großzügigkeit muß ihm nicht peinlich sein, denn seine Gastgeber sind gemachte Leute. Nicht reich, aber doch unverkennbar Mitglieder von Indiens aufstrebender Mittelklasse. Farbfernseher, Waschmaschine, Kühlschrank, Klimaanlage, Motorrad – alle Merkmale der indischen Aufsteigerfamilie sind vorhanden. Randhawa weiß noch auf den Tag genau, wann er das Motorrad gekauft und wie er es bezahlt hat – bar auf die Hand. 24.000 Rupien. Denn von Krediten, sagt er stolz, »halte ich nichts«. Raj Rani, die Frau, träumt von einem Auto, einem ausländischen Modell. Gurjit, der ältere der beiden Söhne, hat CDs von Madonna, Michael Jackson und Bruce Springsteen herumliegen. In der Popszene kennt er sich aus. Mit dem frommen Spruch an der Wohnzimmerwand weiß er hingegen nichts anzufangen: »Hat irgendwas mit Religion zu tun.«

Man kann einen Menschen kennenlernen, indem man ihn durch Fragen zum Reden bringt. Man kann es aber auch so machen, daß man mit ihm Stätten aufsucht, die eine besondere Bedeutung für ihn haben. Deshalb der Ausflug an die Grenze. Deshalb der Besuch des Goldenen Tempels. Es ist ein warmer Abend, samtweich die Luft. Im Licht von Scheinwerfern spiegelt sich das Heiligtum der Sikhs schimmernd in dem Wasser, das ihn umgibt. Gläubige trinken davon oder tauchen ein zum rituellen Bad. Weißbärtige Schriftgelehrte sieht man, wie sie ernst und konzentriert aus dem heiligen Buch der Sikhs rezitieren. So ist es seit Ewigkeiten, und so ist es auch an jenem Abend im Mai 1975, als Randhawa hier zum erstenmal seiner Frau gegenübertritt. Das Kind der Mitternacht, mittlerweile 27 Jahre alt, ist nun nicht mehr Handlanger in Vaters Klitsche, sondern steht jetzt endlich da, wo es hin wollte: auf eigenen Füßen. Zäh und zielbewußt holt Randhawa das ursprünglich verweigerte Studium in Abendkursen nach und finanziert es mit Hilfsarbeiterjobs. Er ist nun auf bestem Wege, sich seinen Berufswunsch zu erfüllen und Elektroingenieur zu werden. Eine gute Partie also für die Grundschullehrerin Raj Rani, deren Eltern zusammen mit Freunden Randhawas die Verbindung arrangieren und das Paar an jenem Maiabend zusammenbringen. »Hier war es«, sagt Randhawa und zeigt auf einen Mauervorsprung in dem mächtigen, Ehrfurcht einflößenden Tempelkomplex. Hier haben sie gesessen und sich neugierig beäugt und bange gefragt, ob das wohl etwas werden könnte mit ihnen. Fünf Monate später heiraten sie.

Es ist wieder mal ein turbulentes Jahr in Indiens Geschichte, Indira Gandhi ruft den inneren Notstand aus, verhängt Zensur, kastriert die Justiz und läßt Tausende von Oppositionellen einsperren. Wer sich noch traut, beklagt das Ende der Demokratie. Randhawa aber sieht einen Ruck durchs Land gehen und denkt sich, daß ein bißchen Furcht vor der Schaffung von Disziplin und Ordnung vielleicht gar nicht so schlecht ist. Jedenfalls ist es ein anderes politisches Ereignis, das ihn viel stärker aufwühlt. Jedesmal, wenn er den Tempel besucht, wird er daran erinnert, jedesmal, wenn er vor dem beschädigten Akal Takht steht. Das ist neben dem Goldenen Tempel das wichtigste Heiligtum der Anlage. Eines Tages wird es vollständig renoviert sein, wird man die letzten Spuren des großen Frevels beseitigt haben – doch Randhawa wird nie vergessen, was für ihn »das traurigste Ereignis meines Lebens« war. Er hat schon böse Ahnungen, als er nachts die Schüsse hört. Am nächsten Tag, am 5. Juni 1984, werden dann trotz Ausgangssperre die Ahnungen schnell zur Gewißheit: Der Tempel, wo sich eine Gruppe militanter Sikh-Extremisten verschanzt hat, ist von Armee-Einheiten gestürmt, das Akal Takht von Panzern bös zugerichtet worden. Lautsprecher tragen den eindringlichen Singsang der Priester über das Wasser, Gläubige und Ungläubige ziehen andächtig um das weite Becken. Es herrscht eine so vollendete Atmosphäre von Frieden und Harmonie, doch Randhawa erzählt, wie er und seine Frau beim Anblick des brutal durchlöcherten Akal Takht die Tränen kaum zurückhalten konnten. Wie er sich erbittert an das Sikh-Wort erinnerte, demzufolge in sechs Monaten sterben muß, wer den Tempel entweiht.

Doch als kaum fünf Monate später Indira Gandhi, als Regierungschefin die Verantwortliche für die Schändung des Goldenen Tempels, von zweien ihrer Sikh-Leibwächter ermordet wird, empfindet er weniger Befriedigung als Schock. Zu seiner Frau sagt er: »Es wird trouble geben.« Überall im Land kommt es, teils mit heimlicher Förderung durch offizielle Stellen, zu Progromen an Sikhs. In der Stadt Kanpur ist ein mordgieriger Hindu-Mob dabei, einen 24jährigen Sikh zu verbrennen, das Kerosin hat man ihm schon übergekippt, als er gerade noch von der Polizei gerettet wird. Es ist ein Neffe der Randhawas. Die Mitternachtskinder, schreibt Salman Rushdie, seien »Kinder der Zeit, gezeugt, verstehen Sie, von der

Geschichte«. Vielleicht taugt Satpal Singh Randhawa deshalb so gut zum Zeitzeugen, zum Spiegel dessen, was sein Land ist und war. »Da«, sagt er bei der Rückfahrt vom Tempel und streckt den Arm aus dem Autofenster, »Jallianwalla Bagh.«

Das, woran die Gedenkstätte mitten in Amritsar erinnern soll, ereignete sich lange vor Randhawas Zeit. Teil seines Bewußtseins ist es trotzdem. Jallianwalla Bagh heißt der Platz, wo 1919 der britische General Dyer in eine friedliche Protestversammlung schießen ließ. Ergebnis: 1516 Tote und Verletzte. Dyer wollte mit seinem Blutbad im Keim ersticken, was sich als antikolonialer Geist zu regen begann – und erreichte doch nur, daß der Freiheitskampf nun erst recht auf Touren kam. Mit jener berühmten Mitternacht am 15. August 1947 war er zu Ende, die Inder waren frei – und was haben sie aus ihrer Freiheit gemacht? »Vergeudet haben wir sie«, findet Randhawa. Indiens politische Klasse hält er für so korrupt und so verkommen, daß er noch kein einziges Mal gewählt hat. Gegen den Dreck vor der Haustür, gegen das Geschmeiß, das die Krankheiten überträgt, gegen die Unverschämtheiten der betrügerischen Telefonrechnungen setzt Randhawa die Entspannung durch Yoga und auch ein bißchen Widerstandsgeist. »Ich zahle keine Telefonrechnungen mehr«, sagt er, »sollen sie das Telefon doch abstellen.« Weil auf die städtische Wasserversorgung kein Verlaß ist, hat er seinen eigenen Brunnen gebohrt. Doch gegenüber der, wie Randhawa das nennt, »Verwestlichung« des Landes fühlt er sich hilflos. Er sieht seine Söhne *channel-surfing* vor dem Fernseher, sieht ihre wachsende Konsum- und Anspruchshaltung und ihre mageren schulischen Leistungen und fragt sich, wo das alles noch hinführen soll. Mit blankem Entsetzen hat er, der auch heute noch an die Tugend der arrangierten Ehe glaubt, gelesen, daß in der Stadt Chandigarh ein dreizehnjähriger Junge und ein zwölfjähriges Mädchen Eltern geworden sind.

Wenn Randhawa dennoch so stolz ist, wie es den Sikhs allgemein nachgesagt wird, dann aufgrund dessen, was er selber geleistet hat. Daß er sich hochgearbeitet hat, Elektroingenieur geworden ist und heute als Chef eines Kraftwerks 25 Leute befehligt, erfüllt ihn mit Befriedigung. Vielleicht ist demnächst sogar eine Beförderung drin. Für den Posten, den er anstrebt, interessieren sich allerdings mehr als neuntausend Kandidaten. Randhawa hat die Bewerbungsnummer 2033. Wer sich da Chancen ausrechnet, muß schon recht selbstbewußt sein.

Vielleicht war er ja doch nicht so verflucht, dieser 15. August 1947: Gewiß, Randhawa und Indien hatten beide einen schlechten Start, aber irgendwann ging es dann doch aufwärts – langsam zwar, aber stetig. Und irgendwie wird es auch weitergehen. Eines Tages werden die Randhawas, Konsumdenken hin, Anspruchsdenken her, ein bar bezahltes ausländisches Auto fahren, und wenn alles ganz gut geht, dann werden sie es über die nahe Grenze in das ferne Nachbarland Pakistan lenken. Vielleicht bis nach Gobindpura, wo dann die Raj Rani, das Fluchtkind aus Pakistan, endlich Gelegenheit hätte, nach den Wurzeln ihrer Familie – und natürlich ihrer eigenen – zu suchen. Aber das ist natürlich nur ein Traum, und kein sehr realistischer, wenn man bedenkt, wie die Wirklichkeit aussieht.

Jeden Abend, wenn die Fahnen eingeholt und für die Nacht zusammengefaltet sind, gehen entlang dem doppelten, stacheldrahtbewehrten indischen Grenzzaun die Scheinwerfer an. Der Zaun selber wird unter Strom gesetzt. Eine Grenze, und doch mehr eine eiserne Naht auf einer nicht verheilten Wunde. Seit genau fünfzig Jahren. Die Mitternachtskinder mit ihren fabelhaften Begabungen haben daran nichts ändern können. Noch nicht mal der Junge, der Metall essen kann, denn aus dem Bewußtsein wäre die Grenze damit noch nicht getilgt. Und Randhawa? Der hat das große Talent, Schäden zu beseitigen und Probleme zu lösen, aber nur in technischem Sinne. Auf die Frage nach seiner größten, seiner Mitternachtskindbegabung, sagt er: »Ich kann jedes elektrische Gerät reparieren.«

August 1997

Eine Witwe geht durchs Feuer

Nur aus einem Grund ist die Frau des toten Rajiv Gandhi bereit, die Massen zu begeistern

Wäre sie eine echte Politikerin, dann würde sie jetzt genießen – den Jubel der Menge, das devote Gebaren der Lokalgrößen, die allein ihr geltende Aufmerksamkeit. Geschmeichelt von der Ehrerbietung, würde sie lächelnd und mit liebenswürdigen Worten ein bißchen was zurückgeben von der Bewunderung, die ihr entgegenschlägt. Sonia Gandhi tut nichts dergleichen. Kaum dem Hubschrauber entstiegen, da rennt sie schon eilig durch die Reihen des Begrüßungskomitees, nimmt schnell die Parade der Männer mit den weißen Nehru-Schiffchen auf dem Kopf ab und steigt energisch auf die mit Blumengirlanden und den Fahnen der Kongreßpartei dekorierte Bühne. Mehr als vier Stunden haben die vielleicht 40.000 Menschen auf dem »Government College Ground« von Dausa geduldig ausgeharrt und auf diesen Moment gewartet. Was sie nun zu sehen bekommen, ist eine Frau mit einem angestrengten, ernsten Gesicht, das kein Lächeln zustande bringt. Sie sehen eine Hand, die so mechanisch winkt, als würde sie von einem Motor angetrieben. Eine Regung von Gefühl sehen sie nicht. Die zeigt sich nur auf dem unbekümmert lachenden Gesicht des jungen Mannes an Sonia Gandhis Seite.

Aber auch, wenn es nicht so wirkt: Dies ist die Frau, um die Indiens Medien einen Wirbel veranstalten, wie er nur mit dem Zirkus um

Diana selig im fernen Großbritannien zu vergleichen ist. »Königin«, »unfaßbare Kaiserin«, »Trumpfkarte«, »Massenmagnet«, »ungekrönte Monarchin«, »Starwahlkämpferin«, »Ikone« – die Journalisten schrecken vor keinem Vergleich zurück, wenn es die Dame zu beschreiben gilt. Die Titelseiten sind reserviert für sie, an manchen Tagen wirkt es, als könnten die Gazetten gar nicht genug kriegen von Sonia G.: Letzten Donnerstag standen im *Pioneer* sechs Artikel über sie, in einem versuchen zwei Psychologen das Phänomen Sonia zu entschlüsseln. In der indischen Politik, so scheint es, hat eine neue Zeitrechnung begonnen, und wer über den Ausgang der Parlamentswahl spekuliert, kann nicht umhin, in seine Berechnungen eine noch unbekannte, geheimnisvolle Größe einzubeziehen – den »Sonia-Faktor«.

Eigentlich schien der heute Fünfzigjährigen eine Laufbahn als Sekretärin oder Dolmetscherin bestimmt zu sein. Doch dann lernte die Italienerin Sonia Maino beim Fremdsprachenstudium in Cambridge einen gewissen Rajiv Gandhi kennen. Die Heirat 1968 änderte ihr Leben. Sonia wurde Mitglied in Indiens erster Familie, die mit Hilfe der Kongreßpartei das politische Leben seit der Unabhängigkeit beherrscht hatte. 1991 stand Sonia mit den Kindern Priyanka und Rahul plötzlich allein da. Erst war ihre Schwiegermutter Indira Gandhi einem Attentat zum Opfer gefallen, danach ihr Ehemann Rajiv. Die einst von Jawaharlal Nehru begründete Dynastie war am Ende – so schien es zumindest, denn obgleich heftig umworben, hielt sich die trauernde Witwe von der aktiven Politik fern und zog es vor, als heimliches

Machtzentrum aus dem Hintergrund Einfluß auf die Kongreßpartei zu nehmen.

Starr wie eine Statue sitzt sie vor dem Volk von Dausa, und selbst als man ihr jetzt als Gastgeschenk einen honigfarbenen Schal umlegt, vermag das ihre eingefrorene Miene nicht aufzutauen. Ausdruckslos flüstert sie mit Sohn Rahul, keine Reaktion, als der Wahlkreisabgeordnete sie mit Lobpreisungen überhäuft, und als sie dann selber vor dem Mikrophon steht und beginnt, stockend eine Wahlkampfrede in der ihr ungewohnten Landessprache Hindi abzulesen, sind auch dabei weder Temperament noch Emotion zu spüren. Kein Zweifel: Hier spielt eine Frau eine Rolle, in der sie sich fremd und unwohl fühlt. Doch die Wirkung auf das Volk von Dausa mindert das nicht im geringsten. Die Frau hat nämlich etwas, das ungleich mehr wiegt als Charme, schauspielerische und rhetorische Gaben, und sie hat es als einzige im ganzen Land: die Aura der Dynastie.

Zwar waren, rein objektiv gesehen, Indiens Dynasten ausgesprochen problematische Figuren: Nehru hat das Land mit seiner staatsbürokratischen Wirtschaftspolitik gelähmt, Tochter Indira hat seine Demokratie zu kastrieren versucht, und Enkel Rajiv war ein unbedarfter Parzival, der sich in innenpolitische Affären und außenpolitische Abenteuer verstrickte. Doch von der Distanz weichgezeichnet, verkörpert die Familie vor allem auf dem Land heute die gute, alte Zeit. »Je größer die augenblicklichen Probleme«, sagt George Verghese vom Centre for Policy Research in New Delhi, »desto rosiger erscheint vielen die Vergangenheit.« Um diese nostalgischen Gefühle bedienen zu können, hatte die Kongreßpartei Sonia immer wieder gedrängt, sich aktiv einzuschalten. Doch alles Bitten war vergebens, bis »Madam«, wie sie genannt wird, im Dezember das Flehen erhörte und sich als Wahlkämpferin zur Verfügung stellte. Da war es beinahe schon zu spät. 1996 von den Wählern so schlimm gezaust wie nie, drohte der moralisch und politisch bankrotten Kongreßpartei diesmal der finale Sturz in die Bedeutungslosigkeit. Doch seit die Gandhi aus dem Kokon ihrer sorgsam kultivierten Zurückgezogenheit herausgekommen ist, stehen die trüben Funzeln der Kongreßpartei auf einmal wieder unter Strom, haben die verzagten Parteifunktionäre wieder Mut gefaßt und die Ratten aufgehört, das Schiff zu verlassen – weil es nämlich, statt zu sinken, plötzlich wieder zu schwimmen scheint.

Noch weiß man nicht, ob die Massen, die zu den Veranstaltungen der Sonia Gandhi strömen, am Wahltag wirklich ihr Kreuz bei der Kongreßpartei machen werden. Doch die Selbstgewißheit der Hinduchauvinisten von der Bharatiya Janata Party (BJP), die sich von dieser Wahl den Durchmarsch an die Macht versprochen hatten, ist unverkennbar nagenden Zweifeln gewichen. Denn auch wenn Sonia Gandhis Vortrag so hölzern wirkt wie an diesem Tag in Dausa – der Inhalt ihrer anscheinend von klugen Ghostwritern geschriebenen Reden ist meist sehr geschickt zusammengemixt. Den ständigen Hinweisen auf die Nehru-Gandhi-Familie, die sich für ein stabiles, säkulares Indien selbstlos geopfert habe, stellt sie – ohne je einen Namen zu nennen – die Gefahr einer Machtergreifung durch die BJP gegenüber, die mit religiöser Frömmelei Haß säe und die Einheit des Landes zu zerstören drohe. Neu ist der

Vorwurf nicht, neu aber ist das Problem für die BJP, ihn wirksam zu kontern, denn er kommt schließlich aus dem Mund einer Frau, einer Witwe zumal, der man mit scharfen Gegenangriffen nur helfen würde, Mitleidsstimmen zu sammeln. So attackieren sie eher halbherzig die italienische Herkunft der Witwe, die als »Fremde« keine Ahnung habe von der Kultur und Geschichte des Landes und erst recht nicht von seinen Problemen.

»Rome Raj versus Ram Raj«, schreien die rechten Büchsenspanner, womit sie sagen wollen, daß Rom in Zukunft die Geschicke Indiens bestimmen werde – und nicht der Götterliebling Ram. Der Hitlerbewunderer Bal Thackeray beklagt es als »Tragödie«, daß fünf Jahrzehnte nach dem siegreichen Unabhängigkeitskampf seine Landsleute wieder zu einem *whiteskin* aufblicken – einer Weißhäutigen. Zeigt sich da, wie ein anderer aus der nationalreligiösen Szene lamentiert, wieder »die Sklavenmentalität« der Inder? Wenn es so wäre, dann verhielte sich niemand sklavischer als Sitaram Kesri, der gewählte Präsident der Kongreßpartei. Der fast achtzigjährige Greis bietet ein bemerkenswertes Schauspiel an Selbstverleugnung, indem er keine Gelegenheit ausläßt, sich vor Sonia Gandhi im Staub zu wälzen. Jedenfalls wirkt es so, wenn er sie zur idealen Führerin ausruft und devot versichert, daß er »keine Sekunde« zögern werde, seinen Posten für »Sonjaji« zu räumen.

Sonia Gandhi kandidiert nicht und hat unmißverständlich erklärt, daß sie es auf keine Ämter abgesehen habe, doch Kesri (»Die Massen beten sie an«) und Genossen haben das geflissentlich überhört und tun so, als sei völlig klar, daß die

Lady nur für höchste Weihen in Frage komme und nach den Wahlen Regierungschefin werden wird – wenn die Mandate reichen. Bei der Vorstellung freilich gruselt es nicht nur die Chauvinisten. Indiens Politik sei »viel zu komplex« für sie, sagt Hari Krishen Dua, Chefredakteur der *Times of India*, und im übrigen passe dynastisches Gehabe nun mal nicht in eine demokratische Landschaft. Daß sie Sonia zur Hoffnungsträgerin stilisiert habe, beweise nur die Schwäche der Kongreßpartei. Vinod Mehta, Chefredakteur des Magazins *Outlook*, sah es ähnlich. Als »kollektiven Wahsinn« beschrieb er im Dezember die Hoffnung der Kongreß-Oberen, Sonia könne die Partei – »diesen lahmen, faulen, desorganisierten und unglaubwürdigen Haufen« – an die Macht zurückführen. Inzwischen ist Mehta sich nicht mehr so sicher. In der vorletzten Ausgabe entschuldigte er sich dafür, Sonia Gandhi unterschätzt zu haben.

Knapp zehn Minuten redet die Frau auf der kleinen Bühne. Kaum einmal löst sie die Augen vom Manuskript, wo man ihr den Hinditext in großen lateinischen Buchstaben aufgemalt hat. Fremde? Ausländerin? Sonia Gandhi besitzt seit 1983 die indische Staatsbürgerschaft. Sie kleidet und gibt sich wie eine Inderin. Die Rolle der trauernden Witwe hat sie so überzeugend gegeben, wie es in Indien erwartet wird. Sie sieht sich als »Tochter von Mutter Indien«, sie redet von »meinem« Land und sagt, ihr Land werde es bleiben »bis zu meinem letzten Atemzug«. Doch die dissonante Syntax ihrer Rede will dazu nicht passen, und man fragt sich, warum sie sich diesen Spagat zwischen Original und Imitation antut. Pflichtgefühl gegenüber der darbenden, demoralisierten

Partei? Aber ist es nicht dieselbe Partei, die sie einst gehaßt hat, weil sie ahnte, daß in ihrem Sog ihr Mann, ihre Ehe und ihr Familienleben untergehen würden?

Vielleicht hat die Dame ja nur kühl kalkuliert und sich gesagt, daß ein Wahltriumph der Rechten nicht nur dem Land, sondern auch ihren eigenen Interessen schaden würde. Eine BJP-Regierung könnte versucht sein, Licht in das Dunkel einer ihrem toten Mann bis heute nachhängenden Korruptionsaffäre zu bringen und nachzuweisen, daß Rajiv Gandhi der Empfänger von Millionen-Schmiergeldern war. Für den Ruf der Familie wäre das so ruinös wie für die Chancen der Kinder, einmal das politische Erbe der Gandhis anzutreten. Sonias Tochter Priyanka ist 26, ihr Sohn Rahul 27, beide sind in diesem Wahlkampf wiederholt an der Seite ihrer Mutter aufgetreten, mit einigem Erfolg. Rahul sieht seinem Vater ähnlich, Priyanka der jungen Indira – für viele das Zeichen, daß die Dynastie lebt. Aber Sonia Gandhi will, daß sie überlebt. Deshalb offenbar verlangt sie sich etwas ab, das ihr schwerfällt und wider ihre Natur ist. »Ram Ram Saab«, ruft sie zum Schluß etwas linkisch ihren Zuhörern zu. Das ist der traditionelle Gruß im nördlichen Hindigürtel. Und jetzt, tatsächlich, huscht zum erstenmal ein Lächeln über ihr Gesicht. Ein Lächeln der Erleichterung, daß der Auftritt zu Ende ist? Daß sie auch diesen Tag mit vier Wahlveranstaltungen hinter sich gebracht hat? Bis zum ersten Wahltag am 16. Februar wird Sonia Gandhi auf siebzig solcher Meetings gesprochen haben. Hunderttausende werden sie gesehen, ihre Neugier befriedigt und sich ein Bild gemacht haben. Für Indien hängt einiges davon ab, ob es so positiv ausfällt wie das des Bauern Mool Chand. Der alte Mann mit einem scharlachroten Turban auf dem Kopf sagt beeindruckt, eine solche Masse habe hier in Dausa seit Indira Gandhis Zeiten kein Politiker angezogen, deshalb könne es keinen Zweifel geben: »Sie ist unsere Führerin.«

Februar 1998

Der Pate von Bollywood

In der Film- und Industriemetropole Bombay bedroht ein Hitler-Verehrer und brutaler Hindu-Führer die letzten Reste von Demokratie und Rechtsstaatlichkeit

Bal Thackeray ist kein dummer Mensch, und deshalb weiß er auch, daß es wahrscheinlich nicht so günstig ist, sich gegenüber einem deutschen Journalisten allzu deutlich als Hitler-Bewunderer zu offenbaren. Also zügelt er seine Leidenschaft und sagt nur, jeder Mensch habe seine guten und schlechten Seiten, und Hitler sei vermutlich etwas »übereifrig« gewesen. Indischen Kollegen gegenüber klang es freilich schon mal ganz anders. »Ich glaube nicht«, wurde er zum Beispiel im Magazin *Sunday* undementiert zitiert, »daß es nötig war, sechs Millionen Menschen umzubringen. Ja, das war ein kleines bißchen zuviel. Aber mal ehrlich, soll man wegen dieses einen Fehlers sagen, alles, was Hitler tat, war falsch? Natürlich mußt du Gewalt anwenden, wie willst du sonst die Dinge verändern?« Muß man das ernst nehmen?

Ja, man muß es wohl, denn seit den Landtagswahlen am Wochenende ist Bal Thackeray vom bizarren Außenseiter aufgestiegen zu einem der mächtigsten Männer in Indiens führendem Industriestaat Maharashtra. Dessen Hauptstadt Bombay ist mit mehr als zehn Millionen Menschen eine der großen Metropolen dieser Welt. Hier schlägt das finanzielle Herz Indiens, an Bombays Börse läßt sich der Puls des Landes messen. Was Indien an Körperschaftssteuer einnimmt, kommt fast zur Hälfte aus Bombay, wo sich das Big Business konzentriert und wo die Grundstückspreise so hoch sind wie nirgendwo sonst. Eine Stadt des Reichtums, eine Stadt des Elends, eine Stadt der Stars und Sternchen. Hier ist der Welt größte Filmindustrie – Bollywood. Für die Kongreßpartei war es Ehrensache, in Bombays Landesparlament stets die führende Rolle zu spielen. Doch das ist nun vorbei. Thackeray heißt der Mann der Stunde.

Der Mann ist Führer der »Shiv Sena« – der, wie es übersetzt heißt, »Armee Shivajis«. Ein großes Bild dieses großen Kriegerkönigs aus dem 17. Jahrhundert hängt im Zimmer, in dem Thackeray seine Besucher empfängt. Seine Verehrung für Shivaji rührt von dessen Widerstand, den er einst gegenüber den islamischen Eroberern geleistet hat. Ohne ihn, sagt Thackeray, würde heute über Indien die grüne Flagge wehen, »wären wir alle Moslems und beschnitten«. Ja, die Moslems: Sie stellen eine der großen Obsessionen des Bal Thackeray dar. Nicht, daß er grundsätzlich etwas gegen Indiens moslemische Minderheit hätte, bewahre, es ist nur so, daß er ihrer Loyalität zu Indien nicht traut und viele von ihnen verdächtigt, mit dem Herzen jenseits der Grenze im Land des Erzfeindes Pakistan zu sein. So wie Thackeray über Moslems redet, muß man denken, daß eine ständige Gefahr für die Sicherheit und Ordnung »in Hindustan« (wie er Indien nennt) von ihnen ausgeht. Er tut das mit Berechnung, denn nur so machen seine wütenden Drohungen Sinn: »Wir werden uns nichts gefallen lassen, wir werden zurückschlagen und uns nicht wie Feiglinge verkriechen.« Daß im Dezember 1992 die Babri-Moschee im Wallfahrtsort Ayodhya von fanatisierten

Hindus – darunter auch Schläger der Shiv Sena – dem Erdboden gleichgemacht wurde, erfüllt ihn mit »Stolz«. Daß anschließend empört randalierende Moslems in Bombay mit pogromähnlichem Terror in die Schranken gewiesen wurden, sei nur ein »Akt der Verteidigung« gewesen, behauptet Thackeray und unterschlägt die Hetzartikel, mit denen er in seiner Parteipostille *Samna* (Konfrontation) die Lumpenbrigaden der Shiv Sena in Mordlust versetzt hatte.

Zu Demokratie und Rechtsstaatlichkeit will das alles nicht so recht passen, doch das muß es auch gar nicht, denn Bal Thackeray hält ohnehin den Diktator, den »wohlmeinenden Diktator«, für die bessere Lösung. Warum sich mit schwierigen Problemen herumquälen, wenn es auch schneller geht? Für einen Tag solle man ihn zum Regierungschef Indiens machen, so hat er getönt, und das Problem Kaschmir wäre gelöst. Heute konzediert er, vielleicht könne es auch eine Woche dauern – aber das werde dann gewiß reichen. Warum sich der Tretmühle Justiz anvertrauen, wenn sich der Rachedurst doch viel einfacher stillen läßt? »Tit for tat« ist Thackerays Devise: Wie du mir, so ich dir. Nein, er macht gar kein Geheimnis daraus, daß seine Bewegung militant ist: Sie soll es sein, denn Thackeray will es so. Shiv Sena, sagt ihr Chef, nehme das Recht für sich in Anspruch, im Zweifelsfall auch mit Waffengewalt vorzugehen – »je nach den Umständen«.

1970 wurde in Bombay ein führender Kommunist und Landtagsabgeordneter namens Krishna Desai umgebracht. Der Sozialanthropologe Dipankar Gupta, der ein Buch über die Shiv Sena geschrieben hat, erinnert sich, daß Thackeray (»Wir haben es getan«) sich des Mordes gerühmt hat, genau wie später des Frevels in Ayodhya. Daß er dieses »Killerimage« (Gupta) ungestraft hat kultivieren können, liegt freilich auch daran, daß Thackeray früher, als seine Militanz noch vor allem gegen Kommunisten und Gewerkschafter gerichtet war, dem Establishment durchaus gelegen kam. Daß da einer mit seinen Schlägerbanden die Drecksarbeit erledigte, Streiks brach und das Parteihauptquartier der Kommunisten in Schutt und Asche legte, war sehr willkommen – nur wurde dabei übersehen, daß die Shiv Sena auf diese Weise die Basis für ihren Aufstieg legte. Für den toten Krishna Desai rückte erstmals ein Mitglied der Shiv Sena ins Landesparlament ein.

Heute ist die Shiv Sena in Maharashtra und vor allem in Bombay fest verankert und ihr »Supremo«, wie die Presse Thackeray nennt, ein einflußreicher Mann, dessen Verbindungen weit reichen – angeblich bis tief in den Sumpf des organisierten Verbrechens und ganz sicher bis in die Glitzerwelt der Filmindustrie. Als Pate von Bollywood wacht er darüber, daß die Filme auch wirklich dem hindu-nationalistischen Ideal entsprechen – und wo das nicht der Fall ist, läßt er seine Krawallos von der Leine und auf die Kinos los. Als selbsternannter Sprecher für die Marathi sprechenden Söhne und Töchter Maharashtras macht er Druck, daß sie und nicht die südindischen Zuwanderer vorrangig mit Jobs versorgt werden. Air India war das vorerst letzte Unternehmen, daß sich diesem Willen gebeugt hat. Unliebsame Journalisten läßt er schon mal in seinem Hetzblatt niederschreiben (»Rote Würmer«) oder ganz direkt mit Fäusten und Fußtritten traktieren.

Und als einst – welche Zumutung! – ein Kricketmatch gegen den Feind Pakistan in Bombay ausgetragen werden sollte, da pflügten Thackerays Shiv Senas kurzerhand das Spielfeld um.

Es ist dieses Image des militanten Machers, das ihm die kleinen Leute zutreibt – die vom Leben Bestraften, die Jugendlichen ohne Hoffnung, die sich an den meist gewalttätig klingenden Tiraden Thackerays berauschen und sich nur allzu willig in seinen Bann ziehen lassen. »Das schafft doch ein ungeheures Gefühl«, sagt Shiv-Sena-Kenner Gupta, »Teil einer Bewegung zu sein, vor der sogar die Regierung Angst hat.« In der Tat ist es bemerkenswert, daß die Shiv Sena nie verboten und ihr Chef lediglich einmal, 1969 für drei Monate, eingesperrt worden ist. Bei dem Moslem-Pogrom tat Bombays Polizei so gut wie nichts, um die mordenden Horden der Shiv Sena zu stoppen, und sogar die Justiz geht schonend mit Thackeray um. Gerade erst ist eine Klage wegen volksverhetzender Artikel in höchster Instanz vom obersten Gericht des Landes abgewiesen worden.

All dies mag man erfolgreich nennen, wenn es denn die passende Vokabel ist für die Karriere einer Vereinigung, die Gupta als »kriminell« bezeichnet. Was allerdings immer noch fehlte, war politische Macht. Wohl hat die Shiv Sena zeitweilig den Stadtrat von Bombay kontrolliert, auch gewann sie bei den Landtagswahlen 1990 immerhin beachtliche 52 Sitze – doch die Kongreßpartei schaffte fast dreimal so viele Mandate. Doch diesmal hat sich das Blatt gewendet. Lose verbunden mit der ebenfalls rechtsgewirkten, allerdings um ein verantwortlicheres Image bemühten und deshalb weniger militant auftretenden Bharatiya Janata Party (BJP), hat die hindu-nationalistische Allianz die Kongreßpartei weit überflügelt und Anspruch auf die Regierungsbildung erhoben. Damit es klappt (und nicht doch noch die im Kauf von Abgeordneten erfahrene Kongreßpartei ein Bündnis der Verlierer schmiedet), muß sie allerdings noch eine Reihe Unabhängiger auf ihre Seite ziehen, denn über die absolute Mehrheit verfügt sie nicht.

Thackeray vor dem Ziel – Bombay vor Kalamitäten? Sadashiv Tinaikar, der Ex-Verwaltungschef der Stadt, der jahrelang unter einem von der Shiv Sena kontrollierten Stadtrat gearbeitet hat, sieht die völlige Erosion der letzten Reste von Rechtsstaatlichkeit voraus. Zwar habe sich, sagt er, auch die Kongreßpartei, wenn sie es für nötig hielt, über Recht und Gesetz hinweggesetzt, doch sei unter ihr wenigstens der Schein gewahrt worden. Statt dessen also droht nun ganz offen Einschüchterung, Drohung, Gewalt und Diktat, doch die Elite, glaubt Tinaikar, werde Thackeray in Ruhe lassen – »man wird sich gegenseitig arrangieren«. So könnte man den Ex-Karikaturisten, der sich von der Welt der Reichen leicht beeindrucken läßt, mit Geld und anderen Annehmlichkeiten zu kaufen versuchen. Der Finanzadel Bombays wird schon wissen, wie man sicherstellt, daß beim Geldscheffeln keiner stört. Andererseits aber gilt Thackeray als ein Mann, der schwer auszurechnen ist und auch deshalb nicht leicht zu greifen sein wird, weil er gar kein offizielles Amt anstrebt. Chief Minister von Maharashtra soll einer seiner Leute werden, Thackeray selber, so hat er es jedenfalls gesagt, will von zu Hause aus die Entwicklung per »Fernbedienung« steuern. Man sieht ihn schier vor sich, wie er, umgeben von seinen Höflingen und in seinem thronähnlichen Sessel sitzend, die Minister gleichsam auf Knopfdruck hin springen läßt – jedenfalls so lange, bis es dem Partner BJP zu bunt wird. Er sitzt auch jetzt in diesem Sessel und beantwortet unter dem ehrfürchtigen Schweigen seiner Höflinge die letzte Frage: Ist er ein Faschist? Er tut das mit großer Routine. »Wäre ich wirklich einer«, sagt er kalt, »dann würde es keiner wagen, mich als solchen zu bezeichnen.«

März 1995

Ashram der Unverdrossenen

Wie funktioniert die größte Demokratie der Welt?

Ein angenehmer Tag. Bei der Dorfvorsteherin Sarojini werden wir mit frischer Kokosmilch bewirtet, beim Bauern Sukumaran gibt es Tee, und der Kautschukzapfer Kochukunju schenkt reichlich aus einer Whiskyflasche ein, die freilich Honigsaft enthält – süß und schwer. Kochukunju sammelt nicht nur Kautschuk, sondern auch Honig. Die kleinen Gehöfte des Dorfes liegen weit verstreut. Zwischen Maniokfeldern, Bananenhainen und Kokospalmen versteckt, sind sie nur durch schmale, steinige Pfade miteinander verbunden. Dies ist das Land, wo der Pfeffer wächst, wo übergewichtige Jackfruits wie schwanger von den Ästen baumeln, wo die Menschen ausgesprochen freundlich sind und sich gern Zeit nehmen für einen kleinen Schwatz. Über das gerade in Kraft getretene Branntweinverbot etwa oder über die Arbeitslosigkeit. Der Dorfguru erzählt von seinen prophetischen Gaben. Und die Politik? Die Wahlen? »Wahlen? Was für Wahlen?« So hat die Zeitung *Asian Age* gerade den Büroboten Dilip Kumar Singh in New Delhi zitiert. Der Mann hat von seiner Wahlstimme noch nie Gebrauch gemacht, ist nirgendwo als Wähler registriert und weiß noch nicht mal, daß sich Indien gerade anschickt, ein neues Parlament zu wählen. Tausende von anderen Hauptstadtbewohnern, meist arme Landflüchtlinge – »gesichtslos, namenlos, stimmenlos«, schreibt *Asian Age* – haben ebenfalls keine Ahnung von dem wichtigen Ereignis. Da wird man dann schon fragen dürfen, wie der Welt größte Demokratie eigentlich funktioniert.

Jeder zweite Inder kann nicht lesen und nicht schreiben, ein gutes Drittel der Bevölkerung, mehr als dreihundert Millionen, ist zu arm, um sich für irgend etwas anderes zu interessieren als fürs Überleben. Und wenn selbst in der Metropole Delhi die Unwissenheit so verbreitet ist, wie groß muß sie dann erst in den abgelegenen Ecken des Landes sein?

Perumkulangara im südindischen Staat Kerala ist von Delhi so weit weg wie Mailand von Moskau. Hier, vier Flugstunden entfernt vom Zentrum, würde man sich nicht wundern, auf Ignoranz und Desinteresse zu stoßen. Entspricht zum Beispiel der Bauer Sukumaran Nair, abgearbeitet, mager, hager, nicht ganz dem Klischee vom elenden, unwissenden Drittweltasiaten? Von wegen: Sukumaran hat seit 1952 keine Wahl ausgelassen. Immer wieder hat er für die Partei Gandhis und Nehrus, die Kongreßpartei, gestimmt, doch diesmal wird er der in Kerala traditionell starken kommunistischen Konkurrenz seine Stimme geben. Der Grund: Die Unzufriedenheit mit dem örtlichen Kongreßabgeordneten, der, so sagt er, fünf Jahre tatenlos verschlafen habe. Und dann natürlich die Skandale in Delhi, vor allem die jüngste Schmiergeldaffäre, die ein reichlich verfaultes System offengelegt und die politische Klasse – mit Ausnahme der beiden kommunistischen Parteien – als käuflich und raffgierig entlarvt hat. Sukumaran weiß recht gut Bescheid. Er ist kein wohlhabender Mann, mit Bananen, Kokosnüssen und ein bißchen Kautschuk macht er gerade so viel Geld, daß es einigermaßen reicht – aber er leistet sich den Luxus der Information. Deswegen hat er ein Fernsehgerät, aber weil der Strom nur sehr unregelmäßig fließt, informiert er sich hauptsächlich aus der Zeitung. *Mathubhumi* heißt das Blatt, das er sich – sparsam, wie er ist – nicht kauft, sondern bei einem Verwandten, einem Ladenbesitzer, ausleiht. Zwei Stunden Lektüre jeden Abend haben Sukumaran zu einem politisch bewußten Menschen gemacht, der zum Beispiel nichts davon hält, die dreckbeschmierte Politikerkaste, wie von manchen gefordert, mit Wahlboykott zu bestrafen. »Die Demokratie lebt vom Wählen«, sagt er, und leben müsse sie, denn nur so »haben wir die Möglichkeit, unsere Meinung zu sagen«. Unter einem Diktator, fügt er hinzu, sei Schluß mit solchen Freiheiten.

Typisch Indien: Immer für eine Überraschung gut, obwohl man, zugegeben, diese hier hätte vorausahnen können. Kerala mag hinterste Provinz sein, aber der Staat hat die mit Abstand niedrigste Analphabetenrate. 16 Jahre ist Kerala von den Linken beherrscht worden, und die haben großen Wert auf die schulische Erziehung gelegt – mit dem Ergebnis, daß heute bis auf zehn Prozent alle Erwachsenen lesen und schreiben können. In keinem anderen indischen Staat gibt es so viele Zeitungen (rund vierzig), darunter die beiden mit den landesweit höchsten Auflagen. Tausende von Dörfern haben ihre eigenen kleinen Bibliotheken. Das hat das Bewußtsein der Leute geschärft, und zwar vor allem für ihre Rechte. In Kerala werden anständige Mindestlöhne gezahlt, es gibt kaum Kinderarbeit. Fast jeder Bereich der Gesellschaft ist organisiert: Es gibt 13.026 zum Teil sehr agitationsfreudige Gewerkschaften im Dreißig-Millionen-Staat. Solche Verhältnisse mögen fortschrittlich erscheinen – Geschäftsleuten sind sie ein Graus. Niemand mag hier investieren und Arbeitsplätze schaffen. Wer nicht zu den fünf Millionen Arbeitslosen gehören will, muß auswandern – übers Meer in die Golfstaaten.

In Delhi spotten sie über Kerala und sagen, da habe selbst der Rikschafahrer noch einen akademischen Grad. Ein Problemstaat also, einer, wo es außer an Arbeit an Ackerland, an Wasser, an Energie – nur nicht an der Lust zum Politisieren fehlt. Sarojini, die Dorfvorsteherin, behauptet zwar, Frauen interessierten sich nicht für Politik, doch dann tut sie die nächste halbe Stunde nichts anderes, als diese Aussage zu widerlegen, indem sie beispielsweise das Branntweinverbot als »Wahlkampftrick« der Kongreßregierung von Kerala anprangert. Da werde doch nur nach Frauenstimmen gefischt, sagt sie – während der Arrak zukünftig entweder schwarzgebraut oder geschmuggelt, auf jeden Fall teurer verkauft und so zu einer noch größeren Belastung für die Familien trunksüchtiger Männer werde. Nein, so einfach läßt sie sich nicht kaufen – dabei ist das Arrak-Verbot für indische Verhältnisse ein vergleichsweise subtiles Mittel im Stimmenfang.

Im Norden des Landes, wo es weit mehr Analphabeten gibt als in Kerala und wo die Kriminalisierung der Politik viel weiter fortgeschritten ist, werden die Wähler nach Kasten oder Religionen zu *vote banks*, Stimmenbanken, zusammengeschmiedet und als Stimmvieh an die Urnen getrieben. Trotz Emanzipationsversuchen der Unterkastigen sind es häufig immer noch die Großgrundbesitzer, die ihren Landarbeitern befehlen, wen sie zu wählen haben – notfalls wird mit Alkohol, ein paar Rupien oder Gewalt nachgeholfen. In Kerala hat eine Landreform solch feudalistische Strukturen längst beseitigt – und selbst die Ärmsten nehmen das Wahlrecht sehr ernst.

Besuch bei Sujitha Kumari. Dem Haus sieht man an, daß da jemand wohnt, der es schwer hat. Sarojini oder der Bauer Sukumaran haben es sich in ihren soliden Steinhäusern gemütlich gemacht – Sujitha haust mit Mutter und Bruder in einem Rohbau. Sie haben kaum Möbel, keinen Strom, keine Latrine, keinen Brunnen. Als sie nach zehn Jahren mit der Schule fertig war, hoffte Sujitha vergeblich auf einen Hilfsjob in der Staatsverwaltung. Auch der Bruder ist ohne Arbeit. Nur die Mutter bringt mit Gelegenheitsarbeiten ab und zu ein bißchen Geld ins Haus. Ein paar Quadratmeter Land reichen gerade für fünf Kokospalmen, einige Bananenstauden und einen Pfefferstrauch – kaum der Rede wert. Eine miserable Existenz, und trotzdem ist Sujitha nicht einfach nur willenloser Teil der politischen Manipuliermasse. Sie hat nichts, was das Leben irgendwie lebenswert macht – aber sie hat eine politische Meinung. Anderswo, im ostindischen Staat Orissa beispielsweise, wo Premierminister Rao erstmals kandidiert, haben viele dessen Namen noch nie gehört. Sujitha hingegen faßt in einem Satz zusammen, was derzeit auch indische Intellektuelle beklagen: »Demokratie haben wir doch nur noch dem Namen nach.« Was sie sieht, sind Politiker, die »in ihre eigene Tasche arbeiten«, was sie fühlt, ist wachsende Unsicherheit, ob es überhaupt noch sinnvoll ist, zu wählen, denn »die Regierung tut ja doch nichts«. Sie sagt dies freilich mit einem so strahlenden Lächeln, als verkünde sie eine große Freude.

Doch wenn auf die Mimik Verlaß wäre, dann müßte auch Kochukunju, der Kautschukzapfer und Honigsammler, ein glücklicher Mann sein. Der schickt gerne ein breites Lachen über sein jungenhaftes Gesicht – und hat doch nur bittere, gallig klingende Kommentare zum politischen Geschehen in seinem Land. Dabei ist es bei ihm, anders als bei Sujitha, keine private Misere, aus der sich die Politikverdrossenheit speisen könnte. Mit seinen zweihundert Kautschukbäumen macht Kochukunju zehn Kilogramm Gummi am Tag. Dann noch der Honig, die Mangos, die Bananen und die Kokosnüsse, die ebenfalls Geld einbringen – der Mann steht finanziell solide da. Er trinkt nicht, und er hat allen seinen fünf Kindern eine Schulbildung ermöglicht, weil er die für »wichtig« hält. Kochukunju gehört zur christlichen Minderheit im Dorf, doch an der Wand, gegenüber dem Schwarzweißfernseher, hat er neben einem Jesus-Bild sicherheitshalber auch noch einen Kalender mit Hindu-Gottheiten aufgehängt. Im Dorf gilt er als einer, der sich mit Fleiß alles selber erarbeitet hat. Er könnte stolz sein und zufrieden und die Welt jenseits von Perumkulangara mit Gelassenheit betrachten. Statt dessen pflegt er einen tiefen Groll auf alle Politiker.

Der Honigsaft schmeichelt dem Gaumen. Kochukunju freut sich über den Erfolg und legt los: Politiker und Bürokraten sind »Räuber«; die Kongreßpartei hat neue Maßstäbe in der Korruption gesetzt, in ihrem Sog sind die anderen Parteien genauso korrupt geworden; die Rajas der Vergangenheit, die Fürsten, sind sozialer und menschlicher gewesen als die Machthaber von heute; ein Diktator ist besser als diese Art von Demokratie. Wird er wählen? »Alle wählen, also werde ich auch gehen«, sagt er, aber das verächtliche Lächeln in seinem Gesicht sagt, daß er es für eine sinnlose Übung hält.

Die Sonne steht schon schräg, als wir durch den Wald von Kochukunjus Gummibäumen zu unserer letzten Verabredung wandern. Der Dorfguru soll das Schlußwort haben. Sind die Politik und speziell die Kongreßpartei wirklich so verrufen, ist das demokratische System tatsächlich nicht mehr unumstritten? Der Guru meint, das System sei dringend überholungs- und säuberungsbedürftig – ansonsten aber unbedingt beizubehalten. Er hält es für einen Fehler, seine Stimme zu verschwenden und nicht zu wählen. Der Guru ist ein kleiner, drahtiger Mann mit schwarzem Vollbart. Er trägt nur ein verblaßtes Lendentuch, das mal orangefarben war. Als Angehöriger des Stammes der Adivasi bewohnt er im indischen Kastengebäude einen Platz tief unten im Keller. Doch der Mann kennt sich aus in den Geheimnissen der traditionellen Medizin, er hat spirituelle Kräfte, die sogar bei einem deutschen Saufkopf gewirkt haben sollen. Er hat einen eigenen Ashram und seine kleine Gefolgschaft. Angeblich hat er auch astrologische Fähigkeiten. Drei Tage vor dem Mord an Rajiv Gandhi soll er einen »großen Verlust« für das Land prophezeit haben. Hat er eine Voraussage zum Ausgang der Wahl? Der kleine Mann versenkt sich, lauscht in sich gekehrt, als sei da irgendwo eine Stimme, die ihm die Antwort zuflüstern könnte. Dann sagt er, es werde ein *hung parliament* geben – ein Parlament also ohne klare Mehrheit.

Dunkelheit. Schwarze, undurchdringliche Dunkelheit, wie es sie nur auf dem Land gibt. Erst an der Straße, wo die Läden sind, geben vereinzelte Glühbirnen etwas Licht. In der Bibliothek lesen zwei junge Leute in einem Buch über »Mythen in Kerala«. Beim Schneider, beim Friseur wird noch gearbeitet. Die Arrak-Kneipe ist geschlossen. Hier, zwischen Teestube und Fahrradverleih, ist der Treffpunkt des Dorfes. Hier hält der Bus, hier kommen die Zeitungen an, hier bilden sich die Meinungen und Urteile. Hier sitzen sie über die Politiker zu Gericht. Und von hier werden sie demnächst das *hung parliament* fernab in Delhi betrachten. Daß es dazu kommen wird, haben in diesen Tagen unter Berufung auf Logik und Wahrscheinlichkeit schon viele vorausgesagt – so richtig überzeugt aber hat uns erst die Prophezeiung des Gurus von Perumkulangara.

April 1996

Selbst die Geier meiden die Türme des Schweigens

Indiens Parsen sind vom Aussterben bedroht

Das Parsee-Lying-in-Hospital ist eines dieser alten, angegrauten und schon etwas bemoosten Häuser von Bombay, bei denen man erst auf den zweiten Blick erkennt, daß sie aus einer Zeit stammen, in der noch mit viel Liebe zum Detail gebaut wurde. Die Einweihungsfeier fand vor fast hundert Jahren in Anwesenheit von Lord Harris, dem Gouverneur von Bombay, statt, und weil da gewissermaßen eine Premiere begangen wurde, ist dem Wohltäter, auf dessen Betreiben hin das Hospital gebaut wurde, später mit einer Marmorbüste sowie mit einer kleinen Schrift ein ehrendes Andenken bewahrt worden.

Auf diese Weise wurde Dr. Sir Temulji Bhicaji Nariman dafür gewürdigt, daß er die erste indische Entbindungsanstalt gebaut – und so das damals in Bombay stark grassierende Kindbettfieber eingedämmt hat. Das Büchlein ist alt, und auf seinen vergilbten Seiten erfährt man nicht, ob dem Hospital in den Eröffnungsreden viele gesunde, muntere Babys gewünscht worden sind. Man kann es sich aber leicht vorstellen, und gerade deshalb springt der Gegensatz so ins Auge – der Gegensatz zwischen der bahnbrechenden Pionierleistung von damals, die das Kinderkriegen stark erleichtert und womöglich gefördert hat, und der fast gespenstischen Stille, die heute in diesem Gebäude herrscht. Entbindungsstation: Da müßten doch Kleinkinder krähen, Schwestern eilen, Ärzte rufen! Nichts von alledem: Leere Galerien ziehen sich auf vier Etagen um einen leeren Innenhof, in einer Ecke sitzen ein paar Schwestern untätig herum. Im Erdgeschoß, immerhin, ist ein bißchen Betrieb, aber das ist Redaktionsbetrieb. Weil die Räume nicht mehr gebraucht werden, hat man sie an die Redaktion der Zeitschrift *Parsiana* vermietet.

Dr. Zarrin Langdana, die Chefärztin, die hier seit vierzig Jahren tätig ist, hat noch Zeiten erlebt, da wurden im Parsee-Lying-in-Hospital pro Jahr bis zu fünfhundert Kinder auf die Welt gebracht. Heute sind es nur noch um die hundert, acht pro Monat. Das Hospital gleicht einer Fabrik kurz vor der Stillegung. »Ja, natürlich ist das sehr traurig,« sagt sie, »aber was kann man machen?« Die Parsen, für die dieses Krankenhaus in erster Linie bestimmt ist, produzieren nur noch wenig Nachwuchs. Kaum eine Familie, die mehrere Kinder hat – schon ein zweites ist laut Dr. Langdana »sehr selten«. Mittlerweile kommt man mit nur zwanzig Betten aus. Mäzen Nariman, lebte er noch, würde sich wohl die Haare raufen. Die letzte Geburt? Dr. Langdana muß nachdenken. Dann sagt sie: »Vor über einer Woche.«

Wer sind diese Parsen, die sich nicht mehr vermehren wollen und heute eine in ihrem Bestand gefährdete Spezies darstellen? So genannt nach ihrem Ursprungsland Persien, sind die Parsen Anhänger einer alten Religion, die einst vom persischen Propheten Zarathustra gestiftet wurde. Der hat Hunderte von Jahren vor Christus die ethischen Grundlagen gelegt, die sich bis heute in dem Richtsatz »gute Gedanken, gute Worte, gute

Taten« ausdrücken. Oft fälschlich als Feueranbeter bezeichnet, obwohl sie das Feuer gar nicht kultisch verehren, sondern nur als Symbol der Reinheit und Heiligkeit ansehen, umweht die Parsen etwas Geheimnisvolles – und zwar vor allem wegen der ungewöhnlichen Art, wie sie mit ihren Toten umgehen. Aus Respekt vor den Elementen Feuer, Wasser und Erde werden sie nicht begraben, verbrannt oder im Wasser versenkt, sondern auf den sogenannten »Türmen des Schweigens« ausgelegt – den Vögeln zum Fraß.

Nach der islamischen Eroberung Persiens und dem Beginn von Zwangskonvertierungen wanderten die Parsen aus – und zwar vor allem nach Indien, an dessen Westküste, vornehmlich in die Gegend von Bombay, wo sie eine neue Heimat fanden. Aufgeschlossen, unternehmungslustig, lern- und wißbegierig und an allem Neuen interessiert, nutzten sie die Chance, die die Ankunft der britischen Kolonialherren und die Einführung westlicher Erziehung bot, und legten so das Fundament für einen Aufstieg, der sich mit legendären Namen und großen Leistungen verbindet. Wer hat die indische Zentralbank gegründet? Wer ist als erster Inder ins englische House of Commons gewählt worden? Wer hat die erste indische Fluglinie geschaffen? Für wen wurde in der Armee wegen hervorragender Dienste eigens der Posten eines Feldmarschalls geschaffen? Welcher Inder stieg zum Chefdirigenten des New York Philarmonic Orchestra auf? Stets waren es Parsen, die sich als Pioniere, als Wegbereiter, als Spitzenkönner hervortaten. Ob in Wissenschaft und Forschung, in Industrie und Handel, als Anwälte, Ärzte oder Bänker – die Patels und Tatas, die Jee-

jeebhoys und Nusserwanjis haben in vielen Sparten brilliert. Sie haben große indische Nationalisten hervorgebracht. Bemerkenswert auch die sozialreformerischen Aktivitäten der Parsen, die zwar Geld zu machen verstanden, darüber jedoch die Armen und Benachteiligten nicht vergaßen. Der Dr. Nariman, der das Parsee-Lying-in-Hospital gegründet hat, war nur einer von vielen, die als Philanthropen Hospitäler, Colleges, Schulen und Wohnsiedlungen gebaut und so zusammen mit den Briten das Bild von Alt-Bombay geprägt haben.

Eine große Vergangenheit, aber die Gegenwart ist trist, und die Zukunftsaussichten sind sogar »ausgesprochen finster«. So jedenfalls sagt es Jehangir Patel, Chefredakteur der *Parsiana* – jener Monatszeitschrift, die im Erdgeschoß des Parsee-Lying-in-Hospital für dreitausend Abonnenten gemacht wird. Und im *Bombay Samachar*, Asiens ältester Zeitung, die einst von einem parsischen Priester gegründet wurde und heute von einem parsischen Chefredakteur geführt wird, meint eben dieser 81 Jahre alte Herr Jehan Daruwalla: »Wir stehen am Abgrund.« Einst war die Gemeinschaft stolz darauf, keine Bettler zu haben – die Zeiten sind vorbei. Erstmals hat man eine Armutsgrenze – bei einem Monatseinkommen von fünfzig Mark – gezogen und geschätzt, daß in Bombay zwanzig Prozent der Parsen darunter leben. Aber es sind ja nicht nur die materiellen Sorgen. Die Jungen wissen kaum noch etwas von den Lehren des Zarathustra. Für die Priester, die in den Tempeln das heilige Feuer am Brennen halten und für die spirituellen Bedürfnisse der Gemeinde sorgen, findet sich kein Nachwuchs mehr. Jahrelange Inzucht, behauptet der parsische Rechtsanwalt Berjis Desai, habe den genetischen Vorrat erschöpft – was man an der Häufigkeit erkenne, mit der in der Gemeinschaft Fälle von Brustkrebs, Senilität und der Alzheimerschen Krankheit auftreten.

Sogar die Entsorgung der Verstorbenen klappt nicht mehr so wie früher. Die »Türme des Schweigens« stehen zwar nach wie vor, und zwar im exklusivsten Stadtteil von Bombay, auf dem »Malabar Hill«, von wo man den schönsten Blick über die Bucht hat. Dort stehen sie auf einem weiträumigen Gelände, einem kleinen, tropischen Paradies – umwuchert wie Dornröschens Schloß, umflogen von heiser krächzenden, schwarzen Vögeln. Das ist so wie seit vielen Jahren. Anders jedoch ist, daß die Leichen heute oft starke Konzentrationen von medikamentösen Stoffen enthalten und deshalb vor allem von den Geiern gemieden werden. Andere Aasfresser steigen mit ihrer Beute oft hoch in die Luft hinauf, wo sie dann schon mal den Krallen entschlüpft und in den Gärten oder auf den Balkonen des heute dicht besiedelten Stadtteils landet. Das ist weniger komisch als tragisch für eine Gemeinschaft, die einst Avantgarde war und heute noch nicht einmal mehr mit ihren Toten fertig wird.

Doch das bei weitem größte Problem ist der demographische Niedergang: Indiens Parsen sterben aus. Seit sie 1931 mit 114.000 ihre höchste Bevölkerungszahl erreicht hatten, ist es ständig bergab gegangen. Schätzungen für 1991 lagen nur noch bei 57.500 – davon 41.500 im Raum Bombay und 16.000 in anderen Teilen Indiens. Bis zum Jahr 2021 wird sich die Zahl noch einmal halbiert haben. Der Trend scheint nicht mehr umkehrbar zu sein, denn Bombays ziemlich überalterte Parsengemeinschaft, in der jeder Zweite über fünfzig Jahre alt ist, verzeichnet Jahr für Jahr mehr als doppelt so viele Tote wie Babys. Urbanisierung, wirtschaftliche Zwänge, Wohnungsmangel, Emanzipation der Frauen – die Gründe sind nicht ganz zufällig dieselben, die auch in Europa zu Kinderarmut geführt haben. »Wir zahlen,« sagt die Parsin Ava Khullar, »den Preis für unsere Modernisierung« – also dafür, daß man so willig die von den Engländern gebrachten Werte des Westens übernommen hat.

Manchmal meint man es ihnen anzusehen. In Cusrow Baug zum Beispiel, einer der speziell für Parsen gebauten Wohnsiedlungen in Bombay, sieht man ihre Alten verhärmt und gebückt herumschlurfen oder reglos hinter Fensterbänken kauern – so wie es für Berlin typischer ist als für Indien. Gewiß, sie haben sich schon vor Generationen angepaßt, sprechen Gujarati, wie es die Inder in diesem Teil des Landes tun – und doch fügen sie sich nicht ganz nahtlos ein in das allgemeine, bunte, indische Bild. Sie sehen anders aus, kleiden sich anders, reden anders. Und dann dieser Widerspruch: Ständig betonen sie, wie lebensfroh und wie stolz sie auf sich und ihre Geschichte sind, und doch ist da oft etwas Gedrücktes, etwas Trauriges um sie, so als trügen sie eine Ahnung ihres Untergangs in sich. Ava Khullar fragt sich manchmal, ob wir wohl »einen Todeswunsch« haben – »wir beschäftigen uns so viel mit unseren Toten und produzieren so wenig Babys«. Zwar ist da auch immer noch ein Stück Legende: So wie der Schah von Persien einst seine Finanzen Parsen anvertraute, so legt heute in Indien der Käufer eines Gebrauchtwagens noch ein bißchen was drauf, wenn der Verkäufer Parse ist. Ihre Ehrlichkeit und Glaubwürdigkeit ist sprichwörtlich. Doch was ist das schon, verglichen mit der Magie der alten Zeiten, als alles zu Gold wurde, was sie anfaßten?

Zum Abstieg hat beigetragen, daß die nichtparsische Mehrheit, also die Hindus, bildungsmäßig längst aufgeholt und sich darüber hinaus mit dem System der Jobreservierung Reservate geschaffen hat, die für die Parsen nicht zugänglich sind. Während die Konkurrenz stärker wurde, sind die Parsen faul und selbstgefällig geworden. Das zumindest ist die Meinung von A.D. Moddie. Der 73jährige ist ein feiner Herr, der nach einer langen beruflichen Karriere – als Beamter im öffentlichen Dienst und Direktor bei Unilever – jetzt den Ruhestand genießt. Scharf und ohne Rücksicht seziert er die Schwächen seiner Gemeinschaft, für deren größte er ihre viel bewunderte und beneidete Stärke hält. Das dicht geknüpfte soziale Netz, die finanziellen Hilfen bei der medizinischen Betreuung und bei der Erziehung, die hochsubventionierten Mieten und das vergleichsweise angenehme Leben in den warmen Nestern der eigenen Wohnsiedlungen – das alles habe zu Verweichlichung, zum Verlust der Wettbewerbsfähigkeit und einem falschen Gefühl von Sicherheit geführt.

Wer aus dem Durchschnitt herausragt, wandert aus, die anderen wursteln sich so durch – und bilden jedenfalls keine große Attraktion für die oft hochgebildeten, emanzipierten parsischen Frauen, die denn auch entweder gar nicht oder sehr spät heiraten oder sich außerhalb der Gemeinschaft nach Partnern umsehen. Mischehen werden immer häufiger und sind der Grund dafür, daß sich die Parsen in Bombay zu allem anderen auch noch eine teilweise bitterböse Kontroverse zwischen Orthodoxen und Liberalen leisten. Die Orthodoxen bestehen darauf, daß Frauen, die außerhalb der Gemeinschaft heiraten, ihre religiösen Rechte verlieren – ein Verdikt, das immer wieder die Gemüter erregt, zuletzt im Fall der Roxanne Shah. Die junge Parsin war 1990 in einem Verkehrsunfall umgekommen, aber die letzte Ehre auf den »Türmen des Schweigens« wurde ihr verweigert. Grund: Ihre Heirat mit einem Nicht-Parsen. Kindern aus solchen Ehen wird der Zugang zu den Feuertempeln nicht gestattet, und auch die im Leben eines Parsen wichtige, *Navjote* genannte Initiationszeremonie, bei der ein Kind feierlich mit dem traditionellen weißen Unterhemd und der um die Hüfte getragenen Schnur ausgestattet wird, würde ein Priester wohl verweigern – jedenfalls, wenn er ein Orthodoxer ist und zum Beispiel Dr. Firoze Kotwal heißt.

Der Hohepriester, der den Tempel, dem er vorsteht, den historischen Wadia Atash Bahram, vom Fenster seiner Wohnung überblicken kann, ist ein stattlicher Mann mit einem langen, weißen Bart. Er ist im Gegensatz zu so vielen anderen Parsen ein vergnügter, auch mal lachender Mensch – ein merkwürdiger Gegensatz zu der harten, fundamentalistischen Lehre, die er verficht. Wenn es allein nach ihm ginge, dann müßten die Kinder von allen Mischehen ausgeschlossen werden, also auch die der parsischen Männer mit nicht-parsischen Frauen, was derzeit noch geduldet wird. Für Kotwal ist die Sache ganz einfach: Als sie vor

Jahrhunderten aus Persien geflohen und nach Indien gekommen seien, da hätte das Hauptmotiv darin bestanden, ihre Religion und ihre Rasse zu erhalten. »Wenn wir jetzt unsere Türen öffnen«, sagt er, »dann werden wir in dem riesigen Ozean von Hindus und Moslems untergehen.«

Eine Vereinigung von Liberalen hat sich gebildet, die gegen die Diskriminierung von Parsinnen und deren Kindern in Mischehen eintritt. Andere führende Mitglieder der Gemeinschaft überlegen, zum Ärger der Traditionalisten, ob man nicht sogar gemischte Familien komplett aufnehmen soll, also unter Einschluß des nicht-parsischen Ehepartners, wenn der will – als Notmaßnahme zur Eindämmung des Parsenschwunds. Doch Jehangir Patel schüttelt nur traurig den Kopf. Der Chefredakteur der *Parsiana* sieht darin keine Lösung: Das Ende würde damit nur ein paar Jahre hinausgezögert, der negative Trend aber nicht umgekehrt. Wäre Patel als Parse nicht selber betroffen, er könnte der Kontroverse und den Sorgen ums Überleben viel Freude abgewinnen, denn all das bietet ihm jede Menge Stoff für seine Zeitschrift. Die Doktrinen der Hardliner, die beinahe rührenden Versuche der Liberalen, mit Ehevermittlung und finanziellen Anreizen die Kinderzahl in die Höhe zu treiben, die langen Listen der Todesfälle – in *Parsiana* breitet er alles aus, aber er scheint unter seinen Themen fast zu leiden. Patel wirkt sehr ernst, beinahe bitter. Zwei Stockwerke über ihm Dr. Zarrin Langdana, die Chefärztin im Parsee-Lying-in-Hospital: ernst und bedrückt auch sie. Frau Langdana ist Mutter von drei Söhnen. Sie hat damit mehr zum Erhalt der Parsen beigetragen als die meisten. Doch im Kotwalschen rassischen Sinne hat sich ihre Investition nicht amortisiert: Alle drei haben es beruflich zwar weit gebracht, doch sie leben im Ausland und haben – bis auf einen, der noch Junggeselle ist – Frauen außerhalb der Gemeinschaft geheiratet.

Dezember 1994

Leben vom letzten Dreck

Die Unberührbaren erheben Anspruch auf Würde

Atree arbeitet flink und routiniert. Als sie sich in den stinkenden Verschlag hineinbeugt, zieht sie mit einer schnellen Handbewegung den Ghugat, den durchsichtigen, schleierartigen Schal vor Mund und Nase – und erst danach geht die Hand mit der kleinen Eisenschaufel zu dem Haufen Exkremente, der sich zwischen zwei Steinen in einer kleinen Vertiefung befindet und der zu beseitigen ist. Während Atree den Kot in einen Korb schaufelt und die Reste mit einem kleinen Strohbesen wegfegt, bringt die Hausfrau einen Eimer Wasser und schüttet – auf Abstand zur Putzerin bedacht – den Inhalt in das Häuschen. Atree fegt noch einmal. Sie kennt jeden Handgriff im Schlaf. Bei Bakha war das genauso. *Er arbeitete, ohne sich dessen bewußt zu sein. Es war eine Art Fühllosigkeit, von der Art seiner Beschäftigung verursacht, ein dickes Fell, das ihn vor den abscheulichsten Empfindungen zu schützen hatte.* Doch an diesem Morgen wurde die Schutzschicht immer wieder brutal durchstoßen, erst vom Vater – *»Steh auf, he, Bakha, du Sohn einer Sau, steh auf, und mach dich an die Latrinen!«* – und dann vom frühmorgendlichen Latrinenbesucher Tscharat Singh: *»Warum sind die Latrinen nicht sauber, Bakha, du Schlingel? Nicht eine einzige, der man auch nur nahe kommen möchte! Ich hab' die Runde gemacht! Bist du dir darüber klar, daß du meine Hämorrhoiden auf dem Gewissen hast? Beim Hocken auf einer dieser dreckigen Latrinen hab' ich mich angesteckt.«*

Atree greift den gefüllten Korb, setzt ihn sich auf den Kopf und balanciert ihn schnellen Schrittes durch eine enge, schäbige Gasse, die gesäumt ist von Rinnen mit stehenden, mückenumsummten Abwässern. Auf der Dreckhalde mitten im Ort thronen Schweine, und die machen sich nun grunzend über das her, was Atree in einem Schwung aus ihrem Korb schleudert ... *und begann, nachdem er eine kurze Pause gemacht hatte, um eine dreizackige Schaufel aufzuheben, die Öffnung der niedrigen Backsteinpyramide mit dem Stroh zu stopfen, das er in den Latrinen in Körben gesammelt hatte.* Atree hat keinen Blick für die gefräßigen Tiere. Mit Korb, Schaufel und Besen macht sie sich auf zum nächsten Verschlag. Zwei Dutzend hat sie schon hinter sich. Knapp vierzig stehen ihr noch bevor. *Dann griff er nach einem langen Haken und schürte das Feuer. Er sah wie aus einem Guß aus, war ein wundervoll geschlossenes Ganzes, und von alledem schien der edle Ausdruck herzurühren, der in einem so seltsamen Gegensatz stand zu seinem ekelhaften Beruf und der untermenschlichen gesellschaftlichen Rangstufe, zu der er durch seine Geburt verdammt war.*

Atree und Bakha sind Berufskollegen und Schicksalsgenossen – gewissermaßen jedenfalls. Bakha freilich hat zu einer anderen Zeit existiert, und das auch nicht in Wirklichkeit, sondern in einem berühmten Buch, das der indische Schriftsteller Mulk Raj Anand 1927 geschrieben hat. Veröffentlicht wurde das Erstlingswerk aber erst 1935, denn mehr als ein Dutzend Verleger mochten die realistisch-genaue Schilderung eines Tages aus dem Leben des Latrinenputzers Bakha nicht drucken. Man sieht sie schier noch vor sich, die Schöngeister, wie sie über dem anrüchigen Stoff die Nase rümpften – nicht ahnend, daß sie einen Klassiker vor sich hatten, von dem einmal zehn Millionen Exemplare, in 24 Sprachen übersetzt, verkauft werden würden. *The Untouchable*, der Unberührbare (so der Titel des Buches), beschäftigt sich mit den Geringsten der Geringen – mit jenen Ausgestoßenen, die so wenig geachtet sind, daß sie selbst ganz unten im indischen Kasten-Gebäude keinen Platz haben.

Indiens Väter der Unabhängigkeit empfanden – nicht zuletzt gedrängt vom großen Mahatma Gandhi – diesen Zustand als so beschämend, daß sie die Unberührbarkeit verboten und ihren Opfern durch Einführung des universalen Stimmrechts politische Gleichstellung verschafften. Außerdem taten sie einen Schwur. Innerhalb von fünfzig Jahren, so gelobten die Herren, würden sie abschaffen, was im Kasten-System die entwürdigendste und schmutzigste Existenz ausmacht, nämlich die Beseitigung menschlicher Ausscheidungen durch die Angehörigen einer eigenen Kaste – durch die Bhangis, die Putzer und Latrinenreiniger.

Fünfzig Jahre sind fast vergangen, die manuelle Kotbeseitigung ist per Gesetz unter Strafe gestellt worden – doch die Zahl derjenigen, die mit dieser Tätigkeit genau wie einst Bakha ihr kümmerliches Leben bestreiten, beläuft sich nach Schätzungen immer noch auf etwa 600.000. Mehr als die Hälfte davon sind Frauen. Atree in dem Ort Gautampuri ist eine von ihnen. Die klassische Bhangi-Familie: Vater Putzer, Mutter Putzerin, neun Geschwister, und auch die alle Putzer oder ungelernte landwirtschaftliche Hilfsarbeiter. Die Frauen der Brüder: Kloputzerinnen. Mit 15 heiratet Atree, die Älteste, einen Putzer und fängt dann selber an, als Kloputzerin zu arbeiten. Wie ein Kokon das Geflecht der Kastenschranken, das die Familie an Schaufel und Besen bindet. Von den Eltern bis zu den zehn Geschwistern: Keiner hat auch nur die elementarste Schulbildung genossen. Keiner bis auf einen: Ein Bruder ist ein paar Jahre zur Schule gegangen und hat es dann zum Busfahrer gebracht. Er ist der Aufsteiger in der Familie.

Atree ist erst 45 Jahre alt, sagt sie, aber es gibt Momente, da sieht sie aus wie eine alte Frau, wie eine Greisin fast. Seit dreißig Jahren sind übelriechende Aborte, die, technisch gesehen, nichts anderes sind als primitivste Scheißhäuser, ihr Arbeitsplatz. »Das ist die dreckigste Arbeit, die einer tun kann«, sagt Atree, aber sie sagt auch: »Je mehr Klos du hast, desto besser.« Sie hat rund sechzig, die sie – zusammen mit ihrer Schwiegertochter – jeden Tag zwischen sieben und zwölf Uhr entleert und säubert. Zum Teil wird Atree mit Geld entlohnt, zum Teil mit Naturalien. Maximal kommt sie auf 150 Rupien im Monat – das sind 7,50 Mark. Ihr Mann Babu, als Straßenfeger bei der Gemeinde angestellt, bringt es immerhin auf achtzig Mark im Monat. Atree und Babu haben vier Kinder, die sie – und darin mag man wenigstens ein kleines Stück Fortschritt sehen – alle in die Schule geschickt haben. Doch keiner hat einen Abschluß geschafft, einer nach dem anderen haben sie irgendwann als Drop-outs ihre Schullaufbahn abgebrochen. Der älteste Sohn ist heute Straßenkehrer (seine Frau ist Atrees Helferin), die Tochter und ihr Mann gehen ebenfalls putzen, und die beiden jüngsten Söhne, zwölf und fünfzehn Jahre alt, hängen herum. Für Vater Babu und Mutter Atree ist das vielleicht die größte Enttäuschung in ihrem Leben, denn sie hatten so darauf gesetzt, daß die Kinder mal »was Besseres« (Babu) machen würden – »irgendwas«, sagt Atree, denn »alles ist besser als Putzer«.

Demnach ist da also doch etwas, das über die sklavische Schicksalsergebenheit hinausgeht, wie sie für Bakha noch typisch war. Der träumte zwar sehnsüchtig davon, lesen und schreiben zu können, aber gleichzeitig war ihm völlig klar, daß die Lehrer sich weigern würden, Pariakinder zu unterrichten, *weil ihre Finger, die den Schülern den Weg durch den Text zeigten, die Seiten in den Büchern der Ausgestoßenen berühren müßten und dadurch unrein würden*. Eigentlich war Bakha ja ein lebensfroher und geselliger Mensch, aber *ein tiefer Instinkt sagte ihm, daß er sich als Straßenkehrerjunge in Gegenwart anderer Menschen so wenig wie möglich zeigen solle*. Und wenn, dann immer nur mit Vorwarnung: »*Posch, geht aus dem Weg! Posch, ein Latrinenputzer kommt! Posch, Posch, ein Latrinenputzer kommt!*« Doch an diesem schicksalhaften Tag vergaß er den Warnruf, versehentlich berührte er einen Hindu hochgestellter Kaste, und die Katastrophe war da: »*Warum rufst du nicht, du Schwein, und kündigst dein Herankommen an? Weißt du, daß du mich berührt und verunreinigt hast, du schielender Sohn eines krummbeinigen Skorpions! Jetzt muß ich ein Bad nehmen, um mich zu reinigen! Und dabei habe ich erst am Morgen ein neues Lendentuch und ein sauberes Hemd angezogen!*«

Atree hat ihre morgendliche Runde beendet. Ihre Kundschaft besteht überwiegend aus solchen Familien, deren Status kaum höher ist als ihr eigener. Gautampuri hieß früher Chamaran – die Stadt der Gerber. Die Chamars, die Gerber, gehören ebenfalls zu den allerunteresten Kastenlosen, doch weil sie in der Hierarchie ein Stück höher angesiedelt sind als die Bhangis, legen selbst sie Wert darauf, der Latrinenputzerin nicht nahezukommen. Atree weiß, daß sie die Hausfrauen nicht berühren, den übrigen Teil des Hauses nicht betreten darf. Die Unberührbarkeit mag abgeschafft sein, aber faktisch existiert sie fort – und zwar vor allem, wenn Angehörige hoher Kasten im Spiel sind.

Zum Beispiel Banias. Es war eine Angehörige dieser Händler-Kaste, die Atree einmal versehentlich berührt hat. Eine Schimpfkanonade, wie Bakha sie über sich ergehen lassen mußte, war zwar nicht die Folge, aber der entsetzte Ausruf »Jetzt hast du mich angefaßt! Ich muß gleich ein Bad nehmen!« war kaum weniger demütigend. Und dennoch: Wenn man Atree so sieht, wie sie jetzt in ein benachbartes Moslemviertel zieht (wo sie ebenfalls Latrinen zu bedienen hat), den Korb mit ihrem Handwerkszeug darin lässig gegen die Hüfte gestemmt, aufrecht gehend, durchaus selbstbewußt, keineswegs in Bakhas *knechtischer Gesinnung* und schon gar nicht mit lauten Rufen vor sich selber warnend, dann weiß man, daß sich trotz allem etwas verändert hat. Sie sagt es auch, und zwar in dem Bewußtsein, daß ihre Mutter so einen Satz nie über die Lippen gebracht hätte: »Ja, ich mache eine dreckige Arbeit, aber als Person bin ich genauso gut wie jede andere auch.« Bakha *vermochte die Schranken, die die über ihm Stehenden zwischen ihm und sich zu ihrem Schutz aufgerichtet hatten, nicht zu überschreiten* – und nun kommt da sechzig Jahre später eine Atree daher und reißt sie verbal einfach nieder?

Es ist dies nicht so überraschend, wie es wirkt, denn die Unberührbaren und die anderen, die zusammen die große Masse der Unterdrückten und Entrechteten bilden, beginnen sich zu rühren. Ein Riese wird wach, und schon knackt es gefährlich im Gebälk des jahrtausendealten indischen Kastengebäudes. Es ist, als würde der Bodensatz der Gesellschaft dort, wo die als »rückständig« eingestuften Kasten und die Kastenlosen ihr Dasein fristen, von einem Beben erschüttert. Obwohl schon immer in der Mehrzahl, fangen die Gedemütigten erst jetzt an, ihre eigene Kraft zu entdecken. Diese Selbstfindung hat viele Formen: Atrees revolutionärer Satz gehört genauso dazu wie die Tatsache, daß sich die von ganz unten erstmals einen eigenen Namen gegeben haben. Einst nannte man sie Unberührbare, dann kam Gandhi und taufte sie in seinem Bestreben, ihnen Gerechtigkeit und Würde zuteil werden zu lassen, auf den Namen *Harijan*, Kinder Gottes – doch die Bezeichnung wird heute als gönnerhaft zurückgewiesen. Statt dessen nennen sie sich *Dalits*. Das ist das Sanskrit-Wort für »unterdrückt«. *Dalits* organisieren sich, und sie »kämpfen für soziale Gerechtigkeit«. So sagt es der Soziologe und Jesuit Jose Kananaikil vom »Indian Social Institute«. Nach seiner Meinung ist das Indien der oberen Kasten, »dieser 13 bis 14 Prozent der Bevölkerung, die das Land regiert haben, am Ende«. Was sich heute zeige, das seien »die Geburtswehen des neuen Indien« – für Kananaikil ein Wandel, der von »Schwierigkeiten und Konflikten« begleitet sein wird.

In der Tat: Man sieht sie schon, und zwar vor allem im indischen Herzstück Uttar Pradesh. Dort, im bevölkerungsreichsten Bundesstaat, hat sich die Bewegung gegen die überkommene Ordnung 1993 erstmals in einer politischen Machtverschiebung niedergeschlagen: Ans Ruder gekommen ist eine Koalition, die sich ausschließlich auf die unteren Kasten sowie auf die Dalits stützt. Die Zeitschrift *The Week* würdigte diesen Aufstieg der Untersten von den Unteren als »historisch«, doch die Veränderungen kommen blutig und gewalttätig daher. Ein Grund ist die Reservierungspolitik der neuen Regierung in Uttar Pradesh. Reservierung – das ist das Schlüsselwort, das einst in die Verfassung hineingeschrieben wurde, um den Hoffnungslosen am Fuße der gesellschaftlichen Leiter Zugang zu Ausbildungsplätzen und Staatsjobs zu verschaffen, die ihnen ohne Schutzquote, also im freien Wettbewerb mit den oft besser ausgebildeten Kandidaten der höheren Kasten vorenthalten blieben. Heute profitieren nicht nur die kastenlosen *Dalits*, die Urstämme, sondern auch die rückständigen Kasten von dieser Regelung, die in manchen Staaten mehr als siebzig Prozent der staatlichen Stellen und der Hochschulplätze zu Reservaten für die Diskriminierten macht.

Zum Ausbruch aus ihrer wirtschaftlichen und sozialen Randstellung hat diese Politik freilich nicht geführt, zumal die Quoten mangels Bildung oft gar nicht ausgeschöpft werden können. Vielmehr hat sie das Kastenbewußtsein eher noch akzentuiert und darüber hinaus immer wieder gewalttätige Proteste von Angehörigen der sich um ihre Zukunftschancen betrogen fühlenden oberen Kasten ausgelöst – zuletzt eben in Uttar Pradesh. Dort hat die Regierung zur Belohnung ihrer Wähler die Reservierungsquote auf fünfzig Prozent erhöht – zur Empörung der Oberkasten, die im Norden des Bundesstaates (wo sie die große Mehrheit stellen) wütend protestieren und inzwischen sogar nach einem eigenen Staat rufen.

Spannungen und Gewalt gibt es aber auch unter denen, die die neue Regierung an die Macht gebracht haben. Solidarität ist da nämlich nur wenig unter den rückständigen Kasten und den *Dalits* – wohl aber viel Nachholbedarf und eine Tradition alter Animositäten. Ziemlich stürmisch also die Geburtswehen, und im Sog der Veränderungen befindet sich auch Gautampuri, der Fünftausend-Einwohner-Ort am Rand von Uttar Pradesh. Sonst würde Atree nicht so selbstbewußt reden und ihr Straßenkehrer-Mann Babu hätte einen solchen Akt der Herausforderung kaum gewagt.

Babu hat noch Zeiten erlebt, da durfte noch nicht mal der Schatten eines Bhangi auf einen Brahmanen, also einen Angehörigen der Spitzenkaste, fallen. Aber kürzlich, als er zufällig mitbekam, wie auf dem Markt eine Gruppe von Brahmanen die neue Regierung als ein Team von »Latrinenputzern und Gerbern« verspottete, da stellte er sich keß vor sie hin und sagte: »Die Zeiten ändern sich, jetzt könnt ihr bald meinen Besen nehmen, und ich trete an eure Stelle!« Ein starker Auftritt, Labsal für die Seele – aber sonst? Sind da außer atmosphärischen auch handfeste Verbesserungen – solche, die das Dasein leichter machen? Nein, sagen Babu und Atree, das Leben mit seinen Krankheiten, finanziellen Problemen, schlechten Straßen und stinkenden Abwässern sei eigentlich wie immer – und die Arbeit als Putzer sowieso. Jetzt ist da mal eine Regierung, die von unten kommt, aber außer Job-Reservierung ist der bisher nichts eingefallen. Durchsetzung der allgemeinen

Grundschulpflicht? Damit könnte man zwar keine Wahlen gewinnen, wohl aber Strukturen verändern und insbesondere den *Dalits* Chancen eröffnen – doch geschehen ist nichts. Und das in einem Bundesstaat, wo nur etwas mehr als die Hälfte der Sechs- bis Vierzehnjährigen in die Schule geht und von denen lediglich jeder Zweite die fünfte Klasse erreicht. Zeigt sich hier das typische Desinteresse der Aufsteiger? Wer es schafft, als *Dalit* von unten nach oben zu gelangen, verliert meist schnell den Kontakt zu seinen Wurzeln und das Mitgefühl für die, aus deren Kreisen er kommt.

Chaudhry Hari Singh, 64, hat es als Sohn einer Putzer-Familie zum Minister und Abgeordneten gebracht, Gautampuri gehörte zu seinem früheren Wahlkreis. Schulen habe er in seiner aktiven Zeit dort gegründet, sagt er – aber er kann sie nicht benennen. Ach ja, und Bücher habe er verteilt. Vor allem aber hat er gerade dem Präsidenten am Valmiki-Tag eine Statue des mythischen Weisen Valmiki überreicht – und zwar im Namen der Putzerkaste der Bhangis, die ja staatlicherseits heute *Valmikis* genannt werden. Wenn schon der Job dreckig ist, soll wenigstens der Name gut klingen. Nein, von oben haben die Bhangis nichts zu erwarten, und die selbsternannten Retter sind ohnehin mit Vorsicht zu genießen. Bakhas Retter hieß Hutchinson und war der örtliche Leiter der Heilsarmee, doch gestiftet hat der nichts als heillose Verwirrung im Kopf des jungen Latrinenputzers: *Wie kann irgend jemand der Sohn Gottes sein, wenn Gott, wie mir meine Mutter erzählte, im Himmel lebt? Wie kann er einen Sohn haben? Und warum mußte sein Sohn sterben, um uns zu erlösen? Und warum sollen wir erlöst werden?*

Der Retter der Atrees und Babus hingegen heißt Dr. Bindeshwar Pathak. Er ist promovierter Soziologe und hat sich zum Ziel gesetzt, durch den Bau von wassersparenden, einfachen, aber hygienischen Latrinen immer mehr Bhangis überflüssig zu machen. Siebenhunderttausend Toiletten hat er gebaut, dreißigtausend Bhangis befreit – so sagt er. Aber die Art und Weise, wie er das tut, nämlich eitel und geschwätzig, und wie er sich darüber hinaus als »großer Sozialreformer des 20. Jahrhunderts« preisen läßt, weckt den Verdacht, daß da einer, genau wie der unter einer dürftigen Bekehrungsquote leidende Seelenfänger Hutchinson, eher eigennützige Absichten verfolgt. Aber mag es dem Dr. Pathak auch in erster Linie um Ruhm und Geltung gehen – er tut wenigstens etwas, und als Bhangi kann man es sich ohnehin nicht leisten, wählerisch zu sein und die Motive seines Wohltäters zu hinterfragen. Bakha träumte am Ende seines Unglückstages von einer *Maschine, die meine Arbeit verrichten kann*. Für Atree ist dieser Traum von der Wasserspülung bis heute nicht wahr geworden, aber dafür hat sie jetzt dieses Selbstvertrauen, das auch zum Schluß noch einmal deutlich zum Ausdruck kommt: »Es geht uns schlecht, aber deswegen sind wir nicht geringer als irgend jemand sonst.«

November 1994

In der Fabrik der kleinen Menschmaschinen

Die Streichholzkinder von Tamil Nadu

Wir waren auf einiges gefaßt gewesen. Wir hatten geglaubt, der Ausbeuter von Muthu und den anderen Kindern würde mit theatralischer Miene seine Selbstlosigkeit beteuern und auf sein gutes Herz verweisen, das ihn dazu verleitet habe, diesen bitterarmen, elenden jungen Menschen eine Möglichkeit zum Geldverdienen zu verschaffen – eine Möglichkeit, ohne die sie wahrscheinlich alle Hungers sterben müßten. Es soll Fabrikbesitzer geben, die diese Nummer ziemlich gut beherrschen. Doch dieser hier, Mister P. Chellaperumal, greift in seiner Not, plötzlich von einem unerwarteten Besucher mit einer unangenehmen Frage konfrontiert zu werden, zur simpelsten aller Lösungen: Er bestreitet einfach alles. Kinderarbeit? Nein, nein und nochmals nein, man beschäftige nur Erwachsene. Sein Gesicht aber verrät ihn. Die Züge zerfließen fast bei dem krampfhaften Versuch, die Blöße seiner Verlegenheit durch ein breitflächiges Lächeln zu überdecken. Zustande kommt auf diese Weise jedoch nur eine schiefe Grimasse. Es ist die eines Lügners.

Der Tag davor: Die Streichholzfabrik »Sarasram Matches« – eine von drei Fabriken, die Mister P. Chellaperumal besitzt – befindet sich in dem Dorf N. Metupatti. Die Anlage wirkt wie ein Gehöft, und genau das war sie auch, bis vor sieben Jahren die Kühe aus- und die Kinder eingezogen sind. Das scheint ein ziemlich nahtloser Übergang gewesen zu sein. Was für Tiere recht war, ist offenbar auch für Fabrikarbeiterinnen gut genug: ein mit Wellblech gedecktes, langgestrecktes Stallgebäude. Neu sind nur die Boxen, die großen, leistungsstarken Lautsprecherboxen, die unablässig fetzige, tamilische Filmmusik in den Ex-Kuhstall dröhnen, wo Muthu und die anderen im Dämmerlicht ihre Arbeit verrichten. »Die Kinder arbeiten schneller mit Musik«, sagt Aufseher Perumal, dessen Beitrag zur Produktionssteigerung darin besteht, daß er ständig zwischen den Arbeiterinnen umherwandert und mit schnarrenden Kommandos Angst verbreitet.

In je zwei Doppelreihen die Länge des Raumes entlang sitzen und hocken sie, nach Arbeitsgängen getrennt, auf dem nackten Steinboden. Die einen haben Kisten voll mit kleinen Holzstöckchen vor sich, die in Rahmen zu stecken sind. Die anderen müssen die Hölzchen, nachdem sie chemisch bearbeitetet und mit braunen Zündköpfen versehen sind, wieder aus den Rahmen entfernen und in Streichholzschachteln füllen. Wohl an die hundert Arbeiterinnen mögen sich in dem Raum befinden – schätzungsweise siebzig bis achtzig davon Kinder unter 14 Jahren. Muthu ist elf. Schwer zu sagen, warum sie uns aufgefallen ist. Vielleicht, weil man manchmal sentimental ist und sich von einem hübschen Gesicht leichter anrühren läßt. Muthu hat große, dunkle Augen, einen schönen Mund und glattes, straff zurückgekämmtes und von einer Schleife gehaltenes Haar. Sie gehört zu denen, die die Rahmen zu füllen haben.

52 ist die Schlüsselzahl. 52 Zündhölzer kommen in eine Schachtel, 52 Leisten mit je 52 Hölzchen – also 2704 Stück – müssen in jeden Rahmen

eingeklemmt werden. Muthu arbeitet wie alle anderen täglich außer sonntags von sechs Uhr früh bis sechs Uhr abends. Pro Tag schafft sie 15 Rahmen. Das zeigt, daß sie noch Anfängerin ist. Ihre zwei Jahre ältere Schwester Govindhammal, die hier bereits seit sechs Jahren arbeitet, kommt auf mehr als 20 Rahmen pro Tag. Sie ist eine der Erfahrenen, die ihre Arbeit mit nahezu maschineller Gleichmäßigkeit tun. Es sind wie ferngesteuert wirkende, unnatürlich eckige Bewegungen, mit denen diese Mädchen die Hölzchen handhaben, am ausgeprägtesten bei jenen, die die Schachteln füllen. Ratsch, mit einem Griff haben sie die auf einer Leiste steckenden 52 Zündhölzer in der Hand und in Sekundenschnelle auch schon in der Schachtel – wie Roboter.

Bezahlt wird nach Akkord, wobei freilich alle Beteiligten unterschiedliche Summen nennen. Die des Fabrikbesitzers sind am höchsten, die des Aufsehers am zweithöchsten und die von Muthu am niedrigsten. Sie sagt, pro Rahmen bekomme sie eine halbe Rupie, das sind bei 15 Rahmen 7,50 Rupien am Tag und 45 Rupien in der Woche – umgerechnet 2,27 Mark. Den Verdienst liefert sie wie ihre Schwester (die auf rund 70 Rupien in der Woche kommt) bei der Mutter ab – nur den Betrag, den sie für die Schmerztabletten braucht, den behält sie für sich. Das ewige Sitzen auf dem nackten Steinfußboden, das stundenlange Verbiegen der Gliedmaßen zum Schneidersitz oder zur Hockstellung, das dauernde Verkrümmen des Rückgrats, dazu die ätzenden Dämpfe, die aus der Feuer und Gift speienden Alchemistenküche nebenan herüberwehen, wo junge Burschen die Hölzer in Zündhölzer verwandeln – das alles ist äußerst ungesund und wird von den Mädchen mit Schmerzmitteln bekämpft. Muthu leidet vor allem unter Schmerzen in den Armen, im Rücken und im Kopf, gelegentlich unter Blaseninfektionen.

Die Musik plärrt ohne Unterlaß, der Aufseher macht seine Runden, die Alchemistenküche brodelt, und die kleinen Menschmaschinen laufen – schmerzmittelbetäubt, aber wie geölt. Nicht nur hier: In jedem Ort, in jedem Dorf – manchmal denkt man: in jedem Haus – dieser Region, die man den *Match Belt*, den Streichholzgürtel nennt, findet Kindermißbrauch statt. Der *Match Belt* mit dem Ort Sivakasi als Mittelpunkt erstreckt sich über zwei Distrikte im südindischen Bundesstaat Tamil Nadu und steht im Ruf, weltweit die höchste Dichte an Kinderarbeit aufzuweisen. Von den indischen Kinderarbeitern, deren Zahl sich auf mindestens 17 Millionen, möglicherweise aber auf mehr als fünfzig Millionen beläuft, konzentrieren sich an die hunderttausend allein in dieser Gegend. Sie stellen Feuerwerkskörper her, sie schuften in Druckereien, vor allem aber bilden sie die Grundlage jener Industrie, die dem Landstrich ihren Namen gegeben hat: der Herstellung von Streichhölzern.

Weil Tamil Nadu für besonders trockenes Klima bekannt und deshalb für die Streichholzproduktion gut geeignet ist, haben sich die ersten Herstellerhier schon vor siebzig Jahren angesiedelt. Heute kommen achtzig Prozent des nationalen Streichholzbedarfs aus dem *Match Belt* mit seinen sechshundert Fabriken und sechstausend kleinen Hinterhofbetrieben, die rund achtzigtausend Kinder beschäftigen, die meisten davon Mädchen. Kontrolliert wird die Industrie von etwa zwanzig mächtigen Familien, die in skrupellosem Mafiastil dafür gesorgt haben, daß unter der heißen Sonne von Tamil Nadu nichts so üppig blüht wie die Herstellung von Streichhölzern. So haben sie zum Beispiel erfolgreich Bewässerungsprojekte hintertrieben, die die lahmende Landwirtschaft hätten auf Trab bringen – und für eine Alternative zur Ausbeutung in den Fabriken sorgen können. »Da ist«, sagt die Aktivistin G. Shantha von der im Frauen- und Kinderbereich engagierten Organisation *Dawn*, »zielgerichtet das Märchen in die Welt gesetzt worden, daß Ackerbau hier nicht möglich ist und das Überleben allein von den Streichhölzern abhängt.« Kein Politiker, so heißt es, könne ohne den Segen dieser Familien Karriere machen, und so kann man sich denn leicht vorstellen, daß trotz vollmundiger Erklärungen von Regierungsmitgliedern die angeblich beabsichtigte Abschaffung der Kinderarbeit vorerst nichts anderes ist als eine Schimäre – ein schöner, aber äußerst unrealistischer Plan.

Denn der Faktor Kinder macht für die Industrie den Unterschied aus zwischen profitabel und sehr profitabel. Dank des reichen Angebots an Kinderarbeit (und der fehlenden Alternativen, siehe oben) lassen sich nämlich die Löhne auf einem extrem niedrigen Niveau halten. Zwar könnten es die Streichholzhersteller durchaus verkraften, wenn sie, wie viele fordern, die Kinder durch arbeitslose Erwachsene ersetzen und denen einen so hohen Lohn zahlen würden, daß sie es sich leisten könnten, ihren Nachwuchs in die Schule und nicht in die Fabrik zu schicken – doch ginge das natürlich zu Lasten der Gewinne. Deshalb bleibt es bei den Kindern, die darüber hinaus auch eine Versicherung darstellen gegenüber allen möglichen Belästigungen, wie sie anderenorts zum Beispiel im Gewand von Gewerkschaften daherkommen. Kinder können sich gewerkschaftlich nicht organisieren, Kinder, noch dazu solche aus Elendsfamilien, lassen sich in ihrer Hilflosigkeit leicht einschüchtern, gefügig und gehorsam machen. Forderungen? Durchsetzung von Rechten? Streiks? All das ist bei Kindern nicht zu befürchten.

Was zählt angesichts dieser gewaltigen Vorteile schon die geistige und physische Verkümmerung einer ganzen Generation junger Menschen? Was wiegt, verglichen mit den saftigen Profiten, schon der Umstand, daß da – wie es der Kreuzzügler für Kinderrechte, Kailash Satyarthi nennt – das mentale Wachstum auf das von Sklaven reduziert wird? Mag Frau Shantha von *Dawn* noch so sehr beklagen, daß in den Streichholzfabriken ein Heer von »apathischen, analphabetischen, hoffnungslosen Krüppeln bar jeglicher Kreativität und geistiger Vitalität« heranwächst – Unternehmern wie Mister Chellaperumal dürfte das nur recht sein, denn auf diese Weise bleibt der Kreislauf aus Armut und Ausbeutung erhalten. Die Kinderarbeiter, so weiß man, werden nämlich ihre eigenen Kinder wiederum bereits als Minderjährige zum Geldverdienen schicken. Groß bearbeiten muß man die Eltern gar nicht. Gewiß, es gibt die Schlepper der Unternehmen, die in die Dörfer gehen, zielgerichtet die Ärmsten heraussuchen und mit der Absicht, eine auf Jahre hinaus nicht auflösbare Abhängigkeit zu schaffen, Vorschüsse anbieten – doch in der Regel kommt der Antrieb von den Eltern selber.

Schlimmer noch: Es sind die Eltern, die in solchen Regionen wie dem *Match Belt* mehr Kinder als anderswo in die Welt setzen, eben weil sie wissen, daß es Arbeit für sie gibt. Kinderarbeit als Motor für Bevölkerungswachstum – es ist pervers, aber es ist die Realität. Muthus Eltern haben drei Kinder gezeugt, aber keines hat eine Chance gehabt, Kind zu sein. Der Vater (Ex-Kinderarbeiter, Analphabet) läßt sich dazu nicht mehr befragen, denn der ist auf und davon und soll irgendwo in der Großstadt Madras auf dem Bau arbeiten. Geld schickt er keines. Mit der Mutter Subbuthai (Ex-Kinderarbeiterin, Analphabetin) kann man zwar reden, aber nur sehr mühsam, denn sie hört schwer, ist fast taub. Subbuthai ist eine zigeunerhafte Schönheit, die mit ihren beiden Mädchen in dem Dorf K. Metupatti ein Häuschen bewohnt, das nur aus einem Zimmer besteht, kein Wasser und keinen Strom hat. Das dritte Kind, ein Sohn, hat sich wie der Vater davongemacht, soll ebenfalls in Madras sein und sich als Straßenverkäufer durchschlagen. Auch von ihm kommt kein Geld, und von dem, was die Mutter als landwirtschaftliche Hilfsarbeiterin heimbringt – zwölf Rupien am Tag, und auch das nur, wenn gerade Saison ist – kann die Familie nicht leben.

Damit war das Schicksal der Mädels besiegelt. Govindhammal mußte nach zwei Jahren Unterricht in die Fabrik, Muthu durfte immerhin bis zur fünften Klasse in die Schule gehen, doch während dieses letzten Jahres gab sie – weil bereits die Notwendigkeit des Geldverdienens im Vordergrund stand – nur mehr kurze Gastspiele. Seit ein paar Monaten kommt sie gar nicht mehr. Die Lehrerin, die sich an Muthu als eine durchschnittliche Schülerin erinnert, hat sie als Drop-out abgeschrieben.

Die Dorflehrerin Krishna Rani ist eine nette junge Frau, deren teurer, stattlicher Sari aber in einem etwas merkwürdigen Gegensatz steht zu der Bruchbude, in der sie unterrichtet. Für 127 Schüler gibt es nur einen Raum, und der ist von einem löchrigen Dach bedeckt und enthält kein einziges heiles Möbelstück – keine Stühle, keine Bänke. Die Schüler müssen auf dem Boden sitzen. Man muß wohl schon sehr lernbegierig sein, um sich hier gerne aufzuhalten. Die Fabrik hingegen hat für ein kindliches Gemüt durchaus ihre Reize.

Da ist der Hin- und Rücktransport mit Autobussen – eine Attraktion, zu der sich die Unternehmer freilich nur deshalb entschlossen haben, weil sie sich auch das Kinderreservoir im weiteren Umkreis erschließen wollten. Da ist in der Fabrik die Dauerberieselung mit populären Schlagern, und da ist natürlich das starke, das fast süchtig machende Gefühl, das sich einstellt, wenn man als Kind des Elends und der Armut Geld ausgezahlt bekommt, richtiges Geld – und sei es auch noch so wenig.

Wer nicht weiß, was Leben ist, mag das für ein Stück großer Welt halten, so wie sich ja auch die Lehrerin Krishna Rani einst von der Fabrik angezogen fühlte. Als Schülerin und dann als Studentin hat sie in ihrer Freizeit mit dem Füllen von Streichholzschachteln ihre Eltern unterstützt, und zwar durchaus nicht widerwillig: »Ich mochte die Arbeit.« Ob sie mit dieser Vorgeschichte als Warnerin vor dem Übel der Kinderarbeit in ihrem Dorf wohl so richtig überzeugend wirkt? Rund 80 Kinder und Jugendliche gehen in K. Mettupatti statt in die Schule in Streichholzfabriken. Rani Krishna redet mit den Eltern und versucht, sie umzustimmen, sagt sie. Doch was kann sie schon antworten, wenn die Eltern fragen: »Wovon sollen wir denn essen?« Soll sie vielleicht mit den Zukunftschancen der Kinder argumentieren, wo doch jeder weiß, wie hoch die Zahl der arbeitslosen Schulabsolventen ist?

Von der sechsten Klasse an, wenn dann Schulgebühren anfallen, hat die Schule gegenüber der Fabrik noch geringere Chancen. Untersuchungen zeigen, daß in der Gegend, wo Muthu wohnt, 56 Prozent der Jungen und siebzig Prozent der Mädchen im Alter zwischen zwölf und vierzehn Jahren fest als Arbeiter engagiert sind. Muthu und Govindhammal sind also gewissermaßen voll im traurigen Trend. Jeden Morgen stehen sie um fünf Uhr auf, und dann gehen sie – für den Luxus eines Bustransports ist die Entfernung zu kurz – von K. Metupatti nach N. Metupatti in die Fabrik. Gegen 18.30 Uhr kehren sie zurück. Doch selbst dann wartet noch Arbeit auf sie – so wie an diesem Abend. Muthu wirkt zwar müde und erschöpft, aber sie muß noch Brennholz besorgen und danach beim Kochen helfen. Jeden Abend das gleiche, und sonntags, ihrem einzigen freien Tag in der Woche, kommt Wäschewaschen dazu. Ein Kinderleben vollgepfropft mit Arbeit.

Dabei dürfte sie, wenn es nach Recht und Gesetz ginge, gar nicht Arbeiterin sein in der Fabrik »Sarasram Matches«. Doch die indischen Gesetze zum Schutz der Kinder, so hat der frühere Oberrichter P. N. Bhagawati resigniert gesagt, existierten lediglich auf dem Papier. Die staatlichen Inspektoren, die mit ihrer Hilfe die Kinderarbeit eindämmen sollen, tun das mit dem geringstmöglichen Eifer. Viele von ihnen gelten als bestechlich, und selbst wenn sie sich mal zu einer Razzia aufraffen, kommt meist wenig dabei heraus – zumal die Kinderarbeiter genaue Anweisungen haben, wie sie sich in einem solchen Fall verhalten sollen. Muthu sagt, ihnen habe man erklärt, sie müßten dann durch die Hintertür nach draußen rennen und sich verstecken. Einmal hat sie eine solche Situation erlebt. Wird dennoch mal ein Kind geschnappt, sind die Folgen minimal. Gefängnisstrafen sind angeblich noch nie verhängt worden. In der Regel kommt der Arbeitgeber mit einer Geldbuße von umgerechnet einer Mark davon.

Die Standardausrede ist stets dieselbe: Die Kinder seien nur zufällig in der Fabrik gewesen, um ihren Eltern das Mittagessen zu bringen. Und genau das ist nun auch der Satz, mit dem Mister Chellaperumal reagiert, als wir ihm sagen, sein Abstreiten sei sinnlos, denn wir hätten die Kinder in der Fabrik ja bereits gesehen. Wieder verzieht sich sein Gesicht zu dem schiefen Lächeln. In Kürze wird Mister Chellaperumal seine vierte Fabrik eröffnen. Die Industrie boomt, die Streichholzproduktion wächst Jahr für Jahr um fünf Prozent – und das vor allem dank der billigen Arbeitskraft. Daß es auch anders geht, beweist der Nachbarstaat. In Kerala ist die politische Linke einschließlich der Gewerkschaftsbewegung traditionell stark, die Bildungspolitik gut entwickelt, die Einschulungsrate sehr hoch – und die Zahl der Kinderarbeiter ausgesprochen gering. Streichhölzer werden dort in profitablen Kooperativen produziert, wo Erwachsene arbeiten und anständige Löhne beziehen.

In Tamil Nadu hingegen ist gerade erst ein Gesetz verabschiedet worden, das die allgemeine

Schulpflicht vorsieht. Doch Skeptiker haben große Zweifel, ob die sich durchsetzen läßt gegen den Sog, der von den Fabriken ausgeht. Viel wahrscheinlicher ist, daß das grausame Kinderspiel genau so weitergespielt wird wie bisher – mit dem Leben Tausender junger Menschen als Einsatz. Fragt man Muthu, dieses kleine, niedliche Mädchen, nach der Zukunft, zögert sie. Zukunft? Es wird hin- und hergedolmetscht, und dann, als sie versteht, sagt Muthu, gerade so als wär's das Selbstverständlichste auf der Welt: Sie werde natürlich weiter in der Fabrik arbeiten – »so lange, bis ich alt bin«. So denkt sie und weiß nicht, daß sie längst vorher ein körperliches Wrack sein wird.

Dezember 1994

Der Tanz um die goldene Gans

Besuch bei Phoolan Devi, die als Königin der Banditen zur Filmheldin geworden ist

Dies ist eine Geschichte, die von der Ehre handeln wird, von der Rache und vom Tod. Vor allem aber wird sie von einer Frau handeln – einem Menschen, der Opfer ist und Täter, Held und Schurke, bewundert, gehaßt, verfilmt, besungen, beschrieben, von politischen Parteien umworben. Es ist eine Frau, die besser schießen kann als ein Telefon bedienen, die weder lesen kann noch schreiben, die niemandem traut und längst tot wäre, abgeknallt, zur Strecke gebracht, hätte sie es nicht gerade in der Kunst des Überlebens zur Meisterschaft gebracht. Ihr Name ist Phoolan Devi. Das heißt Göttin der Blumen. Aber berühmt wurde sie als Königin der Banditen.

Das Treppenhaus ist schmuddelig. »Macht sie zur Premierministerin«, hat jemand auf den Zähler geschrieben. Phoolan Devi wohnt im ersten Stock. Sie hat jetzt eine Adresse in der Hauptstadt Delhi, und das ist mehr, als sie bei ihrem Lebenslauf erwarten konnte. 1957 wird Phoolan Devi im indischen Bundesstaat Uttar Pradesh als eines von sechs Kindern in eine sehr arme Bauernfamilie hineingeboren. Als Elfjährige wird sie für eine Kuh, ein Fahrrad und hundert Rupien an einen fast zwanzig Jahre älteren Mann verheiratet, von dem sie sagen wird: »Er behandelte mich wie ein Tier.« Der Anfang einer schiefen Bahn: Von ihrem Mann verstoßen, von Polizisten vergewaltigt, mal als Hure verachtet, mal heimlich geliebt, stets zwischen Schande und Demütigung, so gerät Phoolan Devi schließlich in die Gewalt einer Räuberbande. Es ist eine von diesen Gangs, wie sie seit Jahrhunderten typisch sind für das grausame, von Schluchten zerklüftete und von staubigen Winden durchbrauste Land am Chambal River – dem Fluß der Rache, wo wenig gedeiht außer Dornenbüschen und Rebellion.

Bandit country hält neue Demütigungen für Phoolan Devi bereit. Erst nimmt sie der Bandenchef, dann wird er umgebracht, und es nimmt sie sein Nachfolger. Phoolan Devi fügt sich, denn: »Ein Stück Eigentum hat keine Wahl.« Doch der zweite, Vikram Mallah, ist anders. Er behandelt Phoolan Devi mit Respekt und lehrt sie Schießen, ehe er selber erschossen wird – von *Thakurs*, höherkastigen Rivalen in der Bande, die sich von einem *Mallah*, einem Angehörigen der niedrigen Fischerkaste, nicht mehr herumkommandieren lassen wollen. Phoolan Devi, ebenfalls eine *Mallah*, ist nun ohne Schutz und muß über sich ergehen lassen, was ihr in dem Dorf Behmai in einer dreckigen Hütte über einen Zeitraum von mehreren Wochen angetan wird. Nacht für Nacht wird sie von *Thakurs* vergewaltigt und am Ende unter dem Gejohle ihrer Peiniger nackt über den Dorfplatz getrieben.

Man sagt den *Thakurs*, diesen feudalen Landbesitzern, eine besondere Niedertracht im Umgang mit Angehörigen der unteren Kasten nach. Die Opfer haben die Gewalt meist wehrlos hingenommen, doch hier ist nun eine, die das Lamm nicht spielen will. Phoolan Devi will Rache. Rache für den Tod des Vikram Mallah, Rache für ihre

Schändung. Sie schwört es sich, und sie schwört es ihrer Göttin Kali – der Göttin der Rache. Am 14. Februar 1981 ist es soweit, Behmai zum zweiten: Phoolan Devi hat nun ihre eigene Bande, und die stellt in einem Akt, den man nicht anders nennen kann als eine Hinrichtung, die verlorene Ehre ihrer Chefin wieder her. »Kill the fuckers«, schreit einer. Dann hallen Schüsse. 22 Thakurs werden kaltblütig niedergeschossen, zwanzig sterben. Am Ende noch ein Schrei: »Hier ist deine Rache, Phoolan Devi!«

Die Wohnung wirkt, als sei sie nie richtig bezogen worden. Bis auf eine Sitzecke, einen Fernseher und einen kleinen Hausaltar ist das Wohnzimmer leer. Phoolan Devi wirkt, als käme sie gerade von der Maniküre. Der rote Lack auf den Fingernägeln ist ohne jeden Makel. Sie trägt einen Sari in ihrer Lieblingsfarbe Pink. Ihre Stärke ist eindeutig in ihren Augen, hat Phoolan Devis Biographin Mala Sen in ihrem Buch »India's Bandit Queen« geschrieben. Stärke? Phoolan Devis Augen sind glanzlos und ohne Feuer. Sie ist weder hübsch noch sonstwie auffällig, aber sie hat etwas, das Blicke anzieht und Stimmen dämpft. Auch ohne Gewehr, ohne Khakizeug und ohne das charakteristische rote Stirnband hat sie sich offenbar die Aura der Chefin bewahrt.

Die Wohnung ist voller Leute. Ruhm hat seinen Preis – und sei es, daß man immer irgendwie im Mittelpunkt stehen muß. Schon 1983 ist das so. Die Veranstaltung, in der Phoolan Devi sich ergibt, zieht Tausende von Menschen an, wühlt die Gefühle von Millionen auf. Für die Journalisten ist es das Medienereignis des Jahres. Hunderte von Polizisten haben die Banditenkönigin und ihre Gang von sieben Mann nach dem Massaker in Behmai ein Jahr lang intensiv gejagt – vergeblich. Doch durch die Hatz zermürbt, beschließt sie, sich zu stellen. Vorher freilich handelt sie monatelang die Kapitulationsbedingungen aus: keine Todesstrafe, statt dessen Haft von acht Jahren. Die Banditenkönigin verschwindet im Gefängnis, aber nicht in der Vergessenheit. Denn dies ist der Stoff, den die Unterhaltungsindustrie liebt: Filme entstehen, Bücher werden geschrieben, Mala Sen tritt auf den Plan. Die Feministin will die »wahre Geschichte« der Phoolan Devi schreiben.

Die Recherche ist schwierig und sehr zeitaufwendig, denn Phoolan Devi ist Häftling, und sie kann nicht schreiben. Sie kann nur diktieren und das Aufgeschriebene Blatt für Blatt aus dem Gefängnis schmuggeln. Es dauert Jahre, bis sich die Puzzlestücke zu einem Ganzen fügen. 1991 erscheint das Buch. Inzwischen sind auch ambitionierte Filmemacher auf den Geschmack gekommen, ein Filmprojekt nimmt Gestalt an, der angesehene britische Privatsender *Channel Four* sorgt für die Finanzierung, Mala Sen schreibt das Skript. Verträge werden geschlossen mit der des Lesens unkundigen Frau im Gefängnis, die aber bereitwillig zu kooperieren scheint, denn sie ist scharf auf das Geld. 1993 beginnt Regisseur Shekhar Kapur im Chambal Valley mit den Dreharbeiten.

Der Film wird ein Erfolg. Auf Festivals überall in der Welt – von Cannes bis Montreal – erregt er als schockierendes soziales Dokument Aufsehen. In London ist er wochenlang unter den zehn am meisten gesehenen Filmen. Nur eine findet den Film nicht gut: Phoolan Devi. Am 19. Februar 1994 – nach elf statt wie zugesagt nach acht Jahren –

wird sie entlassen. Die von unteren Kasten gebildete Regierung des Bundesstaats Uttar Pradesh weiß, wie man sich beim Volk beliebt macht. Ganz einfach: Man befreit eine Volksheldin. Nach der Ankündigung, man werde alle 53 Anklagepunkte gegen Phoolan Devi fallenlassen, wird sie – unter den erbitterten Protesten der Witwen von Behmai – auf Anordnung des Obersten Gerichts auf freien Fuß gesetzt.

Wieder ein Medienereignis. Der Name Phoolan Devi ist in aller Munde. Wie ein Magnet zieht sie alle an – Journalisten, Politiker, Bewunderer, Trittbrettfahrer. Nur ihre Feinde ziehen es vor, ihre Drohungen anonym am Telefon auszustoßen. Turbulente Zeiten: Plötzlich ist Phoolan Devi Ehefrau, und bald danach steht sie als Sozialaktivistin an der Spitze einer von ihr gegründeten Organisation, die für die Armen und Entrechteten kämpfen will. Phoolan Devi ist wer – und wer ist dieser Filmemacher, dieser Shekhar Kapur? In ihren Augen ein Fälscher, der wichtige Details weggelassen und Fakten verdreht hat und »schmutzige Dinge« zeigt. Als sie noch im Gefängnis war, hat Phoolan Devi resigniert zu Mala Sen gesagt, der Film werde nie »das wirkliche Grauen und die Demütigungen« vermitteln können, die sie durchlitten habe. »Glaub mir Phoolan«, hat Mala Sen darauf geantwortet, »wir versuchen es.« So kam es zu den »schmutzigen Dingen«, den Gewalt- und Vergewaltigungsszenen, die zu der Wucht beitragen, mit der der Film das Kastensystem attackiert.

Aber Phoolan Devi sieht darin vor allem eine Verletzung ihrer Privatsphäre – und mit genau der Begründung zieht sie vors Gericht und erwirkt eine Aufführungssperre für den Film. Unrühmliches Ende eines ehrgeizigen Projekts? Bobby Bedi, der Produzent, bleibt ganz gelassen. Es gehe Phoolan Devi doch nur ums Geld, sagt er. Man habe ihr eingeflüstert, daß sich mit Hilfe eines richterlichen Verbots ein kräftiger Reibach machen lasse. Die Privatsphäre sei lediglich vorgeschoben – hätte sie sich sonst auf ein neues Buchprojekt, diesmal mit dem angesehenen französischen Verlag Robert Laffont, eingelassen? Am Ende kommt es zu einem Deal: Der Produzent erklärt sich mit vier Schnitten einverstanden, Phoolan Devi erhält zwei Millionen Rupien – umgerechnet hunderttausend Mark – und läßt im Gegenzug ihre Klage fallen. Fürwahr ein Reibach.

Unter den Leuten in der Wohnung fallen drei auf – und zwar einer wegen seiner betonten Unauffälligkeit. Das ist ein Polizeibeamter in Zivil, abgestellt zur Bewachung der Phoolan Devi. Ironie der Geschichte: Einst wurde sie von der Polizei gejagt, heute wird sie von ihr beschützt. Der zweite ist ein Mann im Unterhemd: Ehemann Umed Singh, ein kleiner Makler, von dem es heißt, er habe mit der Heirat mit Phoolan Devi zielgerichtet in eine angestrebte politische Karriere investiert. Und dann ist da noch eine junge, modisch gestylte Frau, die durch die Wohnung stolziert, als gehöre sie ihr. Und in gewisser Weise ist das ja auch so: Susanna Lea ist Agentin des französischen Buchverlages Robert Laffont, der Phoolan Devi für die demnächst herauskommende Autobiographie nicht nur 90.000 Dollar gezahlt, sondern auch die Wohnung gestellt haben soll. Sogar die Telefon-, Strom- und Wasserkosten werden angeblich von den Franzosen bezahlt.

Susanna Lea tritt eine Zigarettenkippe auf dem

Wohnzimmerboden aus, und dann setzt sie sich so, daß sie mit Phoolan Devi Blickkontakt hat – und notfalls eingreifen kann, sollte die »goldene Gans« im Gespräch zu freigebig sein mit ihren Informationen. Mala Sen hat Phoolan Devi so bezeichnet, als sie entdeckte, daß sie das Tastentelefon in ihrer Wohnung nicht bedienen konnte, daß sich von all den vielen Leuten um sie herum offenbar kein einziger die Mühe gemacht hatte, ihr die Bedienung zu erklären, weil sie, so Mala Sens Schlußfolgerung, alle völlig beherrscht werden von ihrer Gier, die goldene Gans auszunehmen.

Ob sich die ehemalige Königin der Banditen vielleicht manchmal heimlich zurücksehnt in die unwirtlichen Schluchten des Chambal Valley? Muß ihr das richtige Leben, in dem es eines Rechtsanwalts zur Überwachung ihrer Rechtsanwälte bedarf, nicht viel komplizierter erscheinen als das nach ihren Regeln gespielte und von ihr so perfekt beherrschte Versteckspiel mit der Polizei?

Aber nein doch: Sie ist arriviert, und sie spielt diese Rolle ohne Erbarmen mit sich selber. Schwäche oder Zweifel erlaubt sie sich nicht, Angst schon gar nicht. »Wenn ich Angst hätte, wäre ich längst tot.« Morddrohungen am Telefon begegnet sie mit dem Satz: »Zeig dich, wenn du es ernst meinst.« Sie spricht mit einer scharfen, metallischen Stimme in einer vulgären Sprache. »Wenn ich erst einmal wieder gesund bin«, sagt sie, »werde ich Vergewaltiger in nacktem Zustand quer durchs Land zerren und ihnen eine Lehre in Sachen Ehre erteilen.« Im Zimmer ist es still, Susanna Lea lächelt. So kämpferisch hat sie ihn gern, ihren Superstar, der ihr zwölf Wochen lang seine Erinnerungen auf Band gesprochen hat. Die Gesundheit freilich ist ein Problem. Es gibt Krebsgerüchte. Kinder, soviel ist sicher, wird die 38jährige keine haben, denn als sie, seinerzeit noch im Gefängnis, wegen einer Zyste am Eierstock operiert werden mußte, hat man ihr gleich auch den Uterus weggenommen, damit, so hat ein Arzt Mala Sen lachend erklärt, »Phoolan Devi keine Phoolan Devis mehr gebären kann«. Weiß sie das gar nicht – oder will sie es nicht wissen? Zwei Söhne, sagt Phoolan Devi, wünscht sie sich – »einer soll Rechtsanwalt werden, einer Arzt, und beide sollen sozial tätig sein, ohne Entgelt«. Der absurde, kleine Traum vom Glück, doch die Vergangenheit wird sie wohl immer wieder einholen. Wer hat damals in Behmai eigentlich geschossen, Phoolan Devi? Die genaue Täterschaft ist bis heute nicht geklärt. Sie ist von einiger Wichtigkeit, weil Phoolan Devi immer noch vor Gericht gestellt werden könnte und es einflußreiche Leute gibt, die darauf hinarbeiten. Der Film läßt die Frage offen. Er zeigt, wie die Bandenmitglieder das Feuer eröffnen, Phoolan Devi selber aber nur zwei Thakurs in die Knie schießt. Insofern hat sie von dem Film, gegen den sie so hartnäckig angegangen ist, nichts zu befürchten. Im Gegenteil: Weil Regisseur Shekhar Kapur die Bluttat als Vergeltungsschlag eines unmenschlich geschundenen Opfers darstellt, dürfte der Film Sympathie für Phoolan Devi wecken.

Doch zunächst einmal muß »Bandit Queen« von der Zensur freigegeben werden. In mehr als zwanzig Ländern ist der Film gezeigt worden, nur in Indien noch nicht. Den Vergewaltigungsszenen drohen weitere Schnitte; darüber hinaus scheint es auch politische Widerstände zu geben, weil befürchtet wird, der explosive Filmstoff könnte Kastenkriege auslösen. Aber Kontroverse ist gut für das Geschäft, sie erspart teure Werbekampagnen, und sollte es wirklich mal keine Probleme mehr geben, dann wird immer noch Phoolan Devi als Schlagzeilenlieferantin da sein. Kürzlich erst war heftiger, publizitätsfördernder Streit, als Phoolan herausbekam, daß ihr Mann als Resultat einer anderen Beziehung Vater geworden war. Auch um Geld soll es bei dem Ehekrach gegangen sein, den die Polizei schlichten mußte. Aber was wichtiger ist: Wer hat denn nun geschossen, damals, in Behmai? Die Antwort der Phoolan Devi mag wahr sein, vielleicht zeigt sie aber auch nur, daß trotz allem ihre Überlebensinstinkte so intakt sind wie eh und je. Sie sagt: »Meine Männer waren es.«

Mai 1995

Eine kleine, mutige Frau

Die wechselvolle Karriere des ersten weiblichen Polizeioffiziers Indiens zeigt, daß sich Geradlinigkeit, Klugheit und Unbestechlichkeit nicht unbedingt auszahlen

Sie war auf einem guten Weg, und sie wäre ihn gerne noch ein Stück weitergegangen. Aber ein paar Kleingeister wollten es anders. Sie ist ja stets voller Ideen, und die eine oder andere davon hätte sie schon noch gerne verwirklicht. Doch was kann eine machen, wenn mächtige Feinde ihr dazwischenfunken? Daß die Gefangenen im eigenen Studio ihr eigenes Erziehungsprogramm produzieren und dies dann per Kabelfernsehen in die Zellen bringen, war so eine Idee von ihr. Und dann natürlich, nicht zu vergessen, der Traum vom wirtschaftlich unabhängigen Zuchthaus, das sich mit Hilfe von kleinen Industriebetrieben selber finanziert und den Gefangenen nicht nur Einkommen, sondern auch berufliche Erfahrung verschafft. Kreativität und Energie sind die Markenzeichen der Kiran Bedi, und Asiens größte – und einst so übel beleumdete – Strafanstalt Tihar hätte davon noch eine Zeitlang profitieren können. Doch Neid und das Machtgehabe männlicher Chauvinisten haben zu einem unrühmlichen Ende gebracht, was ein bemerkenswertes Experiment war.

Ein Tag Anfang März. Was an Kiran Bedi sofort auffällt, ist ihr Tempo. Die kleine, 45 Jahre alte Frau geht nicht, sie eilt. Wenn ein Tag nur 24 Stunden hat, so verkünden ihre raumgreifenden Schritte, dann muß er eben zügig durchmessen werden. Mag das Gefängnisgelände auch groß und das Besuchsprogramm umfassend sein – legt sie halt noch einen Zahn zu und schreitet so kräftig aus, daß ihr Troß kaum Schritt zu halten vermag. Eine Frau von einer Hilfsorganisation ist darunter, die einen Sari trägt und zierliche Sandalen – keine gute Ausrüstung für den Marsch durch vier weitläufige Gefängniskomplexe. Kiran Bedi trägt eine bequeme Pluderhose, ein langes, luftiges Hemd, eine Weste und weiße Turnschuhe. Sie war mal asiatische Tennismeisterin, daher die gute Kondition und die Vorliebe für sportliches Schuhwerk. In Uniform zeigt sie sich nur selten. Kiran hat es nicht nötig, mit gestärktem Khakizeug Autorität zu demonstrieren, außerdem will sie beweglich sein. Sie will selber sehen, was in ihrem Gefängnis los ist, und deshalb macht sie jeden Tag ihre Runde, an Feiertagen eine besonders ausgedehnte.

Heute ist ein moslemischer Feiertag, und tatsächlich: Es wird gefeiert im Knast. In jeder der vier Anstalten, die das Zuchthaus Tihar ausmachen, haben sie sich etwas ausgedacht: Die einen führen ein von Gefangenen geschriebenes und in Szene gesetztes kleines Stück auf, die anderen machen Musik. Kiran rennt von Veranstaltung zu Veranstaltung, Eisentore in hohen Mauern öffnen und schließen sich, schwere Schlüsselbunde klirren, die Frau mit den Sandalen hat schon Blasen an den Füßen. Klatschen, wenn Kiran kommt, Hände recken sich ihr entgegen, und sie nimmt sie ohne Scheu. Kiran Bedi hat keine Berührungsängste. Sie umarmt Gefangene, tanzt, lacht und singt mit ihnen, lockt und animiert auch jene, die abseits sitzen und nur schwer aus sich herauskommen. Eine Entertainerin, die Stimmung zu machen weiß – vielleicht ein bißchen zuviel? Für einen kurzen Augenblick wirkt es im Gefängnis Nummer 2 so, als könnten die Dinge außer Kontrolle geraten. Ein paar Hundert Gefangene sind in Fahrt, kein Wärter, der auch nur einen Schlagstock trüge – aber alles bleibt harmlos fröhlich.

Tihar, wie es singt und lacht: Man könnte das ganze für eine Show halten, für ein demonstratives Getue, und wenn man dann auch noch auf die zwei Fernsehteams stößt, die an diesem Tag auf dem Gelände filmen, dann stellt sich ganz ernsthaft die Frage, ob hier nicht eine public-relations-begabte Frau dabei ist, vor allem sich selber zu inszenieren – mit Gefängnisinsassen als Staffage. Doch es sind die Gefangenen selber, die diesen Verdacht widerlegen: Die Direktheit, mit der sie auf Kiran Bedi zugehen, die Ungeniertheit, mit der ihr hier mal einer, da mal einer schnell seine Sorgen vorträgt, die Geduld, mit der Kiran Bedi zuhört und zu diesem Zweck in ihrem Bewegungsdrang innehält – das alles zeigt, daß da offenbar ein Vertrauensverhältnis gewachsen und eine Distanz geschrumpft ist. Nicht, daß es keinen Abstand mehr gäbe, aber der wird von Respekt bestimmt – nicht von Furcht. So zumindest wirkt es, wie überhaupt die Atmosphäre in Tihar nicht von Angst und Aggression, sondern von einer fast unnatürlichen Gelassenheit geprägt zu sein scheint.

Die holländische Helfergruppe, die in Tihar mit dem Ziel arbeitet, Häftlinge zu »entstressen«, hat zwar genug zu tun, aber auch deren Leiter empfindet, wie er beinahe genießerisch berichtet, »sehr angenehme, ruhige Schwingungen hier«. Noch vor gut zwei Jahren hätte er sich (vorausgesetzt, er wäre überhaupt hereingelassen worden) wahrscheinlich mit Grausen abgewandt, denn da war dies ein Vorhof der Hölle, beherrscht von Gangstern, die im Verein mit korrupten Wärtern den Heroinhandel kontrollierten und ihre Mitgefangenen terrorisierten. Die Schwingungen müssen damals schreckenerregend gewesen sein. 1990 kam es, als Folge dieser Zustände, zu schweren Unruhen, die 14 Menschen das Leben kosteten, aber niemanden aufrüttelten. Tihar galt als hoffnungslos. Unheilbar. Doch dann, im Mai '93, übernimmt Kiran Bedi das Kommando. Daß man sie auf diesen Posten setzt, ist kein Zufall, sondern zynisches Kalkül. Kiran Bedi gilt ihren Vorgesetzten als eine schwierige Person, die es zu ducken, deren Flügel es zu stutzen gilt – was läge da näher als sie an Tihar verzweifeln zu lassen?

Kiran Bedi ist die erste Frau, die es in Indien zum Polizeioffizier bringt. Daß dieser Einbruch in die bis dahin geschlossene Gesellschaft bei den Old Boys überschäumende Freude ausgelöst hätte, muß man nicht vermuten. Unbehagen ist wohl das richtige Wort. Unbehagen, das sich schnell zur Irritation steigert, als nämlich die Vorgesetzten feststellen, daß die junge Frau mit Erreichen des Offiziersstatus ihre Karriereträume noch keineswegs als erfüllt ansieht. Im Gegenteil, jetzt legt sie erst richtig los. Sie soll Ordnung ins Verkehrsgewühl der Hauptstadt bringen? Aber ja doch, aus dem Weg, Kiran kommt: Statt im angenehm temperierten Büro über grandiosen Plänen zur Beendigung des Chaos zu brüten, stürzt sie sich in dasselbe. Im offenen Jeep kreuzt sie die Straßen von

New Delhi und gibt per Megaphon Verkehrsunterricht. Den Parksündern kommt sie mit einer Novität: Kränen, Abschleppwagen, mit denen die verkehrswidrig abgestellten Wagen weggeschafft werden. Sogar die VIPs müssen nun lernen, was sie bisher nicht wußten: daß nämlich die Parkregeln auch für sie gelten. Einmal wird sogar ein Wagen aus der Sicherheitseskorte der Premierministerin Indira Gandhi abgeschleppt. Das Volk amüsiert sich über die unerschrockene »Crane Bedi« – doch ihre Chefs reagieren erheblich weniger freundlich: Sie versetzen sie.

Es folgen noch mehrere solcher Strafversetzungen, aber wo immer man sie auch hinstellt – Kiran Bedi nimmt ihre Aufgabe ernst, geht die Probleme mit Schwung an, versucht sich an neuen Lösungen, und das allein reicht schon, um aus der grauen Masse Polizei herauszuragen und für Aufsehen zu sorgen. Als sie im Westen der Hauptstadt für einen sogenannten »feuchten« Distrikt zuständig wird, wo illegale Alkoholbrauer und -schieber das dicke Geld machen, setzt Kiran bei der Trockenlegung dieses Sumpfes nicht nur staatliche Gewalt, sondern auch einen Anreiz in Form eines Rehabilitierungsangebots für jene ein, die bereit sind, das verbotene Gewerbe aufzugeben. Statt der Armutskriminalität mit den bekannten untauglichen Mitteln polizeilicher Verfolgung zu begegnen, versucht sie, Kleinkredite zu besorgen und so den ewigen Teufelskreis zu durchbrechen. Statt Drogenabhängige wegzusperren, probiert Kiran Bedi es mit Entzug: Die ersten Zentren zur Behandlung von Süchtigen in New Delhi gehen auf ihre Initiative zurück.

Später schreibt Kiran Bedi ihre Doktorarbeit

über Drogen. Da ist sie auf Posten im kleinen und unbedeutenden Bundesland Mizoram an der Grenze zu Burma und hat neben der Arbeit an ihrer Dissertation Zeit, darüber nachzudenken, warum ihre Laufbahn in eine Sackgasse gemündet ist. Daß Geradlinigkeit, Konsequenz und Unbestechlichkeit sich nicht auszahlen – soviel ist schon mal klar. Daß Ehrlichkeit und offene Worte, wie zum Beispiel über den Mangel an Integrität und die Weltfremdheit aufgeblasener Politiker und Bürokraten, nicht gerade karrierefördernd sind – auch das weiß sie nun. Doch die schlimmste Sünde scheint ihr Bekanntheitsgrad zu sein, ihre Popularität gerade auch bei den Journalisten, für die die Bedi immer eine Story oder doch wenigstens ein Bild wert ist – so wie 1978, als sie, nur mit einem Schlagstock bewaffnet, eine Demonstration militanter und mit Schwertern bewaffneter Sikhs auseinandertreibt. Da nennt man sie »Schlagstock-Bedi«, und ihre Chefs müssen sie – vermutlich zähneknirschend – wegen Tapferkeit auszeichnen.

Mancher Konflikt mag freilich auch darin begründet sein, daß Kiran Bedi ihren – zur persönlichen Note kultivierten – Konfrontationsstil übertreibt. »Autoritär« steht auf dem Etikett, das an ihr klebt, aber sie sagt, sie sei nun mal der Typ, der für seine Meinung kämpfe und auch bereit sei, »den Preis dafür zu zahlen«. In Mizoram hat sie eine andere Meinung zu Sicherheitsfragen als die Landesregierung, und der Preis besteht in einer Schmierenkampagne gegen sie – und einer abermaligen Versetzung. Nur: Wohin bloß mit dieser Frau, die offenbar nicht kleinzukriegen ist? Da fällt jemandem das Zauberwort ein: Tihar. Es ist nicht sehr schwer, sich das maliziöse Lächeln der Polizeioberen vorzustellen, als sie Kiran Bedi zu Gefängnis verurteilen – ohne Bewährung. Die Phantasie der Herren reicht offenbar nicht aus, sich vorzustellen, daß gerade diese auf Scheitern programmierte Mission Kiran Bedi noch größer herausbringen, ihr internationale Würden und sogar eine Einladung an den Tisch der Clintons eintragen wird.

Tarsem Kumar, enger Mitarbeiter von Kiran Bedi in Tihar, erinnert sich lebhaft an den Einstieg der neuen Chefin: »Sie redete Gefängnis, schaute Gefängnis, dachte Gefängnis.« Die ersten zehn Tage sind ein einziger Marathonlauf durch die vier Gefängnisse, sie will alles sehen, alles prüfen, Tarsem Kumar und die anderen hecheln schnaufend hinterher, und wenn am Abend endlich Schluß ist, sind sie erschöpft. Kiran Bedi redet mit vielen der mehr als achttausend Häftlinge, nimmt sich Zeit dafür, hört geduldig zu. Sie empfindet sie als schwache Personen, »geistig und körperlich ausgesprochen schwach«. Sie weiß: Um hier etwas zu bewegen, muß sie sich erst einmal Glaubwürdigkeit verschaffen. Kiran Bedi tut das, indem sie das zum Ersticken eng geschnürte Korsett von Regeln und Restriktionen lockert. Sie erlaubt Radio, Fernsehen und das Tragen von Armbanduhren, sie sorgt für nahrhafteres Essen, sie ermuntert die Gefangenen zu Diskussion und Kritik, sie verbietet den Wärtern die Anwendung von Gewalt – und lockt sie mit Verständnis und besseren Arbeitszeiten. Als ganz besonders wirksam aber erweist sich eine kleine Box mit einem Schlitz drin.

Das ist die *Complaint Box*, der Kummerkasten, dem sich die Gefangenen schriftlich anvertrauen können. Täglich wird er herumgetragen, und wie groß das Bedürfnis ist, sich mitzuteilen, wird klar, wenn er anschließend ausgeleert wird: In den ersten Wochen und Monaten sind es häufig mehr als hundert Briefe (später deutlich weniger). Kiran Bedi sagt, sie lese alle, und sie stelle sicher, daß jeder Bittsteller oder Beschwerdeführer innerhalb von zwei Tagen eine Antwortkarte bekomme mit Anweisungen, wie das Problem am besten angegangen werden kann. Sie hat einen eigenen *petition officer* dafür angestellt. Für die Chefin ist der Kummerkasten ein Mittel, jeden Tag zuverlässig die Temperatur der Anstalt zu messen, für die Häftlinge ist er eine Hilfe, um sich gegen sadistische und korrupte Wärter zur Wehr zu setzen – und sei es auch nur mit der Androhung einer Beschwerde. Schon nach nur zwei Monaten glaubt Tarsem Kumar einen atmosphärischen Wandel zu spüren – weniger Spannung, weniger Angst, weniger Aggression. Die Wehrmauern, die die Häftlinge zu ihrem Schutz um sich herum gebaut haben, beginnen zu zerbröseln, hinter der Unterwürfigkeit kommt ein Stück Selbstachtung zum Vorschein.

Der zweite Reformschritt öffnet Tihars Türen – nicht für die Häftlinge, wohl aber für Lehrer, Künstler, Gurus, Musiker, Therapeuten, Studenten, Schriftsteller, Journalisten, Hilfsgruppen aller Art. Es soll Schluß sein mit der tödlichen Langeweile, der Hoffnungslosigkeit, der Isolation und dem Gefühl, von der Gesellschaft ausgestoßen zu sein. Die Zeit soll gefüllt werden mit Aktivitäten, die Atmosphäre umgepolt werden von negativ auf positiv. Sport, Film, Theater, Konzerte, Modeschauen, ein größeres Arbeitsangebot – das Leben in Tihar wird abwechslungsreich, die Tage bekommen Struktur. Morgen- und Abendgebet gehören nun genauso zum Tagesablauf wie der zur Pflicht gemachte Unterricht von neun bis elf Uhr. Häftlinge mit Schulbildung werden zu Lehrern – so wie Vijaypal Singh, der im Gefängnis Nummer 4 unterrichtet. Er sitzt wegen Mordverdachts, aber für die Mithäftlinge ist er eine Autorität als Mathematiklehrer.

Doch die vielleicht folgenreichste Neuerung ist Meditation. Vipassana ist eine uralte, angeblich auf Buddha zurückgehende indische Meditationstechnik, von der es heißt, sie baue Spannungen ab und verhelfe zu mentalem Frieden. Gerade läuft ein Kurs in der Frauenabteilung. Mit Tüchern hat man ein Geviert abgeteilt und das grelle Licht gedämpft, damit sich die auf Matten und Kissen kauernden Teilnehmerinnen konzentrieren können – völlige Stille ist Voraussetzung. Nur die Tonbandstimme des Lehrers, des Gurus Goenka, ist zu hören. Daß sich da wirklich etwas verändert, sieht man an denen, die den Kurs bereits hinter sich haben. Inneren Frieden habe er gefunden, behauptet zum Beispiel Virender Kumar, Häftling und Chef einer der Büchereien in Tihar. Früher habe er ständig Rachepläne geschmiedet und immer nur daran gedacht, wie er es eines Tages denen heimzahlen werde, die ihm diesen Mord angehängt haben. Für sein Recht kämpft er auch weiterhin – aber er ist jetzt viel entspannter dabei, nicht mehr so verbissen und haßerfüllt. Jeden Tag meditiert Virender Kumar eine halbe Stunde.

Doch bei allem Reformeifer – eine Reihe von Problemen ist geblieben. Die Unterbringung ist miserabel, der Wassermangel katastrophal, die ärztliche Versorgung unzulänglich. Am schlimmsten jedoch ist die Überfüllung. Für 2500 Häftlinge ausgelegt, beherbergt Tihar – wie gesagt – mehr als achttausend. Verurteilt sind davon gerade mal tausend. Die große Mehrheit also machen Untersuchungshäftlinge aus, die auf ihren Prozeß warten – und warten und warten. Die indische Justiz ist hoffnungslos überlastet, so wie in Tihar sieht es überall in den 1155 Gefängnissen des Landes aus. Von 190.000 Häftlingen sitzen mehr als siebzig Prozent ohne richterliches Urteil; viele haben bereits eine Haftzeit hinter sich, die länger ist als die Zeitstrafe, die sie im Fall einer Verurteilung zu erwarten hätten. Aber Tihar hat den Vorteil, daß seine Chefin weiß, wie öffentlicher Druck erzeugt und ein allgemeines Problembewußtsein geschaffen wird. Wozu hat sie schließlich den Journalisten die Türen geöffnet? Der Prozeßstau wird zum Thema, und siehe da, auf einmal kommt Leben in die lahmen Mühlen der Justiz. Die Wartezeiten verringern sich. Kaution ist nun leichter zu bekommen, und zu denen, die von dieser Möglichkeit Gebrauch machen, gehören auch manche von den *Jail Rajas* – den Gangsterbossen, denen die neue Ära der Transparenz die dreckigen Geschäfte gründlich verdorben hat.

Dennoch ist Tihar bestimmt nicht drogenfrei, dazu gibt es viel zu viele Gerichtstermine, bei denen der Stoff – schluckfertig verpackt – den Häftlingen zugesteckt werden kann. Aber das scheinen solche zu sein, die bereits süchtig waren; neue Konsumenten, so wie früher, als Tihar viele erst auf den Geschmack gebracht hat, scheint die Anstalt nicht mehr hervorzubringen – glaubt jedenfalls die Psychologin Ratna Saxena, die in einer der Entzugsstationen arbeitet. Auch Gewalt brütet Tihar heute kaum noch aus: Seitdem Kiran Bedi das Sagen hat, gab es keine schweren Zwischenfälle mehr – von Unruhen ganz zu schweigen. Daß die Wärter keine Waffen und, auf Kirans Geheiß, noch nicht einmal mehr Schlagstöcke tragen, scheint nicht das Risiko erhöht zu haben – sondern das Verantwortungsgefühl der Häftlinge. Selbst Massenveranstaltungen mit Tausenden von Gefangenen gehen friedlich über die Bühne.

Das sind aufregende Veränderungen. Die Kunde davon verbreitet sich, und der Ruhm der Kiran Bedi mehrt sich. Als ein demoskopisches Institut im Auftrag der Zeitung *Pioneer* unter Angehörigen der oberen Mittelklasse nach den einflußreichsten Persönlichkeiten in der Hauptstadt fragt, taucht die Gefängnischefin in allen Kategorien an der Spitze auf. Obwohl nur ein einfaches Mitglied des öffentlichen Dienstes, gilt sie den Befragten als die Viertmächtigste. Unter den *most glamorous* ist sie nach zwei Filmstars, einem Krickethelden und der Gandhi-Witwe Sonia die Nummer fünf, und was die Ehrlichkeit betrifft, so steht sie an dritter Stelle – sieben Prozentpunkte vor Premierminister Rao. Aber ihr Ruf beschränkt sich nicht auf Indien. Spätestens seitdem sie für ihre Arbeit mit dem »Magsaysay-Preis«, dem asiatischen Gegenstück zum Nobelpreis, ausgezeichnet wurde, ist sie, wie das Magazin *Sunday* schreibt, eine »internationale Berühmtheit«. Die in Hongkong erscheinende Zeitschrift *Asiaweek* würdigt sie in einer Titelgeschichte als Indiens »Super Cop«.

Das Wutschnauben ihrer Vorgesetzten müßte eigentlich weithin hörbar sein. Daß man ihr den Erfolg neidet, ist ja nur ein Aspekt. Der andere ist die Empörung darüber, daß Kiran Bedi sich immer schärfer als Systemkritikerin profiliert. »Ehrenwerte Gentlemen« wie der Polizeichef, spottet sie öffentlich, sollten aus ihren Limousinen herauskommen und wieder lernen, zu Fuß zu gehen und sich die Realität aus nächster Nähe anzusehen, denn: »Wer ein Problem nicht löst, ist Teil desselben.« Als in Indien die Pest ausbricht und das staatliche Fernsehen die großartige Idee hat, die aufgeregte Bevölkerung durch die populäre Kiran Bedi beschwichtigen zu lassen, weigert sie sich, weil sie nicht mitmachen will bei dem Versuch der Politiker, sich aus der Verantwortung zu stehlen. Die hätten schließlich die Kommunalstrukturen verlottern lassen und seien somit schuld am Ausbruch der Seuche. Nein, sie hat keine sehr hohe Meinung von der Politik, weshalb sie denn auch allem Werben der drei großen Parteien bisher widerstanden hat. Sie will sich nicht einfangen, zähmen lassen – und von Politikern ohne Ethik, wie sie das nennt, schon gar nicht.

Klar, daß da das Fußvolk applaudiert, aber in den oberen Etagen wird die Erbitterung immer größer. Man sieht es an der systematischen Art und Weise, wie die Bosse den Höhenflug der Kiran Bedi zu sabotieren versuchen. Statt stolz darauf zu sein, daß ein Mitglied der wegen ihrer Menschenrechtsverletzungen berüchtigten indischen Polizei von Bill Clinton zum Frühstück ins Weiße Haus gebeten wird, verbietet das Innenministerium die Reise. Es bedarf einer zweiten Einladung im folgenden Jahr, damit es doch noch klappt. Dann der Sozialgipfel der Vereinten Nationen in Kopenhagen. Kiran Bedi soll zum Thema »Reintegration von Strafgefangenen« sprechen.

Nein, sagt die Landesregierung von New Delhi, und erst als Kiran Bedi eine Stufe höher, bei der Bundesregierung, um Erlaubnis bittet, wird sie ihr schließlich gewährt – wenige Stunden vor dem Abflug. Es ist März, und es ist klar, daß Kiran Bedis Tage als »Inspector-General« (so ihr offizieller Titel) von Tihar gezählt sind.

Der Rest sind Trivialitäten. Die Begründung für ihre Versetzung – angeblich hat sie aus Publicitysucht die Sicherheit des Gefängnisses aufs Spiel gesetzt und die Regeln der Anstalt verletzt – ist zu fadenscheinig und zu weit hergeholt, als daß man sich näher mit ihr beschäftigen müßte. Während zwischen Opfer und Tätern die Vorwürfe noch öffentlich hin- und herfliegen, bringt der hochangesehene Kolumnist Kushwant Singh die Sache auf den Punkt. Ein Sieg sei errungen worden, schreibt er in der *Hindustan Times*, »ein Sieg von einer Handvoll kleingeistiger, eifersüchtiger Menschen über eine kleine, aber mutige Frau, auf die die Inder stolz sind, weil sie dem Land Ehre gemacht hat«.

Die eigentlichen Verlierer freilich sind die Häftlinge in Tihar. Denn die haben ihre Schutzherrin und auch einen Teil der freiwilligen Helfer verloren, die ohne Kiran Bedi in Tihar nicht mehr arbeiten wollen.

Juni 1995

Die Heizer der Sandhölle

Wenn Kieslaster im Flußbett des Ganges beladen werden

So also sieht die Antarktis aus: eine unerträglich hell flimmernde, konturenlose Ödnis aus Eis und Schnee. Kein Schatten, kein Rastplatz für die Augen, nur diese brutale Leere, in der willkürlich der Wind regiert. Eben streichelt er das weiße Pulver sanft und riffelt es wie durch ein Sieb, dann wieder peitscht er es in wilden Wirbeln wütend vor sich her. Ein Blick auf das Thermometer: Es ist von der Quecksilbersäule bis an den alleräußersten Rand ausgefüllt: 60 Grad. Plus.

Der Tag hatte schon wie ein Fiebertraum begonnen. Wir saßen auf dem Gelände der Gerberei »Junaid«, über uns ein Vogelbauer, in dem ein Dutzend Vögelchen zwitscherten, keines größer als ein Tischtennisball. Aus Langeweile entspann sich eine Diskussion darüber, was das wohl für Vögel seien. »Pinguine«, sagte Shulka, »das müssen Pinguine sein.« Auf dem Gesicht von Mishra, dem Jüngeren, schien ein boshaftes Lächeln auf, denn er wußte, daß er seinen zur Besserwisserei neigenden Freund bei einer Dummheit erwischt hatte. »Nach meinem bescheidenen Wissensstand«, ließ er sich hämisch hören, »gibt es Pinguine nur in der Antarktis.« Da war es, das Stichwort für den Korrespondenten, die geheime Botschaft, die ihn auf direktem Weg zu den wahren Helden der Hitze geführt hätte. Aber er hatte kein Ohr dafür, und so geriet er erst einmal an die Falschen.

Indische Gerber wollte er porträtieren, weil er gelesen hatte, daß die im Sommer unter besonders extremen Bedingungen arbeiten. Deshalb war er in die Gerberstadt Kanpur gereist, und deshalb wartete er nun frühmorgens in der Gerberei »Junaid« auf den Beginn der Morgenschicht – zusammen mit Shulka und Mishra, die den Besuch arrangiert hatten, und mit A. C. Saxena, seinem Freund und Reisebegleiter aus Delhi. »Nimm einen Hut mit, es wird heiß werden!« So hatte der Korrespondent in seiner Eigenschaft als Hitze- und Gerbereiexperte seinen Freund Saxena vor der Abreise in Delhi gebeten. »Und ein Thermometer.« Saxena brachte eine Baseballmütze mit sowie als zweite Kopfbedeckung ein zerknautschtes, von einem himmelblauen Band geschmücktes Flechtwerk (im Stil einer Hängematte nicht unähnlich). Dazu das Thermometer. Ein Trumm von einem Thermometer: lang wie ein Radi. Pinkfarben.

Die Gerber nahmen den Aufmarsch der Hitzeexpedition gelassen hin. Sie taten, was sie immer tun: zogen gräßlich aufgedunsene, wulstig schleimige Büffelhäute mit langen Enterhaken aus der trüben Brühe gemauerter Becken heraus und warfen sie den Kollegen mit den gewaltig geschwungenen Zuschneidemessern wie zum Fraß hin. Kein Unterschied zu anderen Tagen, nur daß da jetzt auf einem grauen Mauervorsprung ein rosafarbener Radi prangte – immer wieder in Augenschein genommen von zwei Hitzeforschern. (Shulka und Mishra hatten sich, vermutlich zwecks Vertiefung ihrer tierkundlichen Diskussion, bereits zurückgezogen.)

Die Sache lief schlecht. Sie spielte, anders als

erwartet, nicht unter freiem Himmel, sondern in einem Schuppen. Das ersparte dem Korrespondenten zwar den lächerlichen Hut, aber leider auch dem Thermometer das Klettern. Was für die Gerber von »Junaid« ein Segen sein muß, erwies sich für die Besucher zusehends als Katastrophe: nur 33 Grad. Dafür muß man nicht nach Kanpur reisen. Das bringt Eckernförde an einem guten Tag auch. Über ganz Indien der sengende Gluthauch der Sommersonne, die Begrüßungstemperatur an den Flughäfen stets um die vierzig Grad – nur hier zwischen den violett schillernden Glibberlappen erträgliche, beinahe angenehme Temperaturen. Reporterpech, Forscherdebakel: Wie immer man es auch nennen mag, das Unternehmen war gescheitert und mußte abgebrochen werden. Und dann saßen die beiden verhinderten Hitzeforscher wieder unter den angehenden Pinguinen, verbittert, von einem Schuppen betrogen, vom Glück verlassen. Sie erwogen Alternativen und verwarfen sie wieder. Ihr Fahrer hörte sich den mißmutigen, von Flüchen und Verwünschungen begleiteten Dialog eine Zeitlang an. Dann sagte er: »Wenn ihr tatsächlich auf Hitze aus seid«, so ganz glauben konnte er es offenbar nicht, »dann müßt ihr runter ans Gangesufer, da, wo der Schwemmsand abgekarrt wird – da ist es richtig heiß.«

Eine Schneewüste, die kocht. Weißer, glitzernder, die Augen blendender Sand, der so heiß ist, daß Saxena einen Schmerzensschrei ausstößt, als er beim Erklimmen einer kleinen Düne seine Sandalen verliert. Eine schmale, von Lkw-Rädern zermahlene Schneise führt hinein in dieses vom Ganges während der Sommermonate aufgegebene Niemandsland, wo Thermometer zum Äußersten getrieben werden und wo nichts ist außer Sand und Lastwagen und Männern mit Schaufeln. Als der Korrespondent merkt, wie ihn die Glut frösteln läßt, sagt er: »So geht es nicht. Wir müssen noch mal zurück – Eis und Getränke kaufen.«

Die einzige Kühlbox, die sich auf dem Markt von Kanpur auftreiben läßt, ist aus Styropor und in einem dezenten Altrosa gehalten. Sie füllen sie mit Sodawasser und Eis. Saxena setzt seine Baseballmütze auf, der Korrespondent seine Hängematte. Das Thermometer ragt pink und absurd aus seiner Brusttasche. Wie zwei Versprengte der Love Parade, denkt er, als das ausgedörrte Flußbett wieder in Sicht kommt. Die Lastwagen sehen aus wie aufgeputzte Zirkuspferde. Eine aberwitzige Nummer, so wirkt es, hat sie elend im Sand verrecken lassen. Deshalb die Männer: Sie müssen die Kadaver zuschaufeln. Die beiden Hitzeheldensucher stopfen sich Eis in die Hemden sowie unter Mütze und Hut. Das hilft.

Babu Ram, Ram Avtar und Chhadi Lal müssen ohne solche Hilfsmittel auskommen. Wollen sie trinken, müssen sie graben, einen Meter tief, manchmal tiefer, bis sie auf brackiges, dreckiges Gangeswasser stoßen. Oh, göttliche Mutter Ganges, Schutzheilige der Bauunternehmer – ihnen gibst du Bausand und guten Verdienst. Aber die Männer, die den Sand aufladen müssen, läßt du schuften wie am Feuer der Verdammnis. Sieh dir Babu Rams Fußsohlen an: rissig wie afrikanische Scholle nach sieben Wochen Dürre. Ist das gerecht?

Die Schaufel ist schwer, die Füße sind nackt. Es ist die Sohle des rechten, mit der Babu Ram die Schaufel immer wieder in den Sandboden rammt.

Mechanisch. Wie eine Maschine. Sein Schmerzempfinden ist offenbar längst abgestorben, und sein Gefühl für Temperaturen scheint anderen Gesetzmäßigkeiten zu folgen als den normalen. Einziger Schutz gegen die Sonne ist der Turban. Einziger Trost die Gewißheit, daß gegen 19 Uhr die Sonne untergeht. Nicht, daß dann Feierabend wäre – Babu Ram und die anderen machen eine 24-Stunden-Schicht. Zweimal rund um die Uhr. Von acht Uhr morgens bis acht Uhr morgens. Der Sonnenuntergang bedeutet den Unterschied zwischen unerträglich und erträglich, zwischen Hochofen und Heizung.

Neues Eis unter Hut und Hemd, schnell eine Flasche Sodawasser: Wie ein Stück Stahl bohrt sich die kalte, sprudelnde Flüssigkeit in die ausgedörrte Kehle. Natürlich ist es eine Gemeinheit, den Verdammten dieser Sandhölle etwas vorzutrinken – aber wenn es beim besten Willen nicht anders geht? Gräßlich verquollen das seidige Fell der Zirkuspferde, zugeschnitten von boshaft lächelnden Pinguinen. Noch mehr Eis, noch ein Stück Stahl, und nun ist alles wieder im Fokus: die Wüstenei aus Sand, Lastwagen, die Schaufelnden, ihre Trinklöcher und ihre Scheißhaufen. Zehn Tonnen Sand faßt ein Lastwagen. Vier Lastwagen ist das Minimum, das geschafft werden muß. Für Babu Ram, Ram Avtar und Chhadi Lal heißt das: Jeder muß in 24 Stunden mindestens 13 Tonnen Sand bewegen. Nur dann gibt es den Mindestlohn von neunzig Rupien (4,40 Mark) pro Person. Jetzt, am frühen Nachmittag, beladen sie den zweiten Lastwagen. Je mehr sich die Ladefläche füllt, desto höher müssen sie die vom Sand silberhell polierten, wie Chrom blitzenden Schaufeln wuchten.

Erst später wird der Wagen umgesetzt, so daß sie von einer Düne herunterschaufeln können. Die drei arbeiten geräuschlos, zügig und ohne etwas zu verraten von der viehischen Kraftanstrengung, die ihnen abverlangt wird. Sie scheinen noch nicht mal besonders zu schwitzen. Aber so wirkten wahrscheinlich auch die Kollegen, die irgendwann ohnmächtig in den Sand gesunken sind – als Beweis dafür, daß selbst bei Helden aus dem ganz harten Holz die Schmerzgrenze nicht beliebig dehnbar ist.

Am gefürchtetsten sind die Tage, wenn sich die Hitzeplage mit der Sandplage vereint. Das ist dann der Fall, wenn der Wind stürmisch aufbraust und den Sand durch die Flußlandschaft jagt. Dann brennen die heißen Körnchen auf der Haut wie Glassplitter, dann dringen sie in Mund und Nase, Augen und Ohren, und dann läßt sich am Gangesufer in Kanpur ganz gut studieren, was so ein Menschenkörper für neunzig lumpige Rupien so alles auszuhalten vermag – oder auch nicht. Verglichen damit sei heute ein milder Tag, sagt Babu Ram. Nur schwach der Wind, und die Hitze – na ja! Halt so wie an anderen Tagen auch. Nichts Besonderes.

Am späten Nachmittag hat die Eisbox einen kleinen Schatten geworfen. Auch da, am Rand der kühlen Oase, zeigt das Thermometer immer noch über vierzig Grad. Später im Taxi, im Abstand einer halben Stunde, ist alles so, als wäre nichts gewesen. Der Korrespondent und sein Freund und Helfer Saxena fahren zu einem gekühlten Flughafen, sie werden ein gekühltes Flugzeug besteigen, und abends wird der eine von beiden in einem gekühlten Hotelzimmer eisgekühlte Getränke trinken. Ach ja, Getränke: Irgend etwas Ungewöhnliches muß sich ereignet haben an diesem Tag, denn sonst würden die beiden das Taxi nicht immer wieder anhalten und den Fahrer kaltes Sodawasser kaufen lassen. Sodawasser und immer wieder Sodawasser. Wie kann man nur so durstig sein? Ja, doch, irgend etwas muß gewesen sein an diesem Tag.

August 1997

Chips ja, aber bloß nicht aus Kartoffeln

Der starke Reiz von High-Tech, Brathühnern und Nacktfotos

Was tut einer nicht alles, um der Wahrheitsfindung zu dienen: Sogar ins Schnellrestaurant geht er, mitten hinein ins Paradies der Fast-food-Esser, kauft sich – wenn schon, denn schon – eine Portion Fritten (*large*) und ein Pepsi Cola (*regular*) für insgesamt dreißig Rupien und nimmt, nunmehr als Konsument bestens getarnt, seine Recherchentätigkeit auf. Was sieht er? Einen Laden, der mit seinen Hühnern und Burgern offenbar hervorragende Geschäfte macht. Alle Tische sind besetzt, vor der Verkaufstheke drängen sich bärtige Sikhs, Frauen im Sari, Geschäftsleute mit Krawatte und viel junges Volk. Am Stehtisch eine Familie, bestehend aus Vater, Mutter und Sohn, die soeben sechs Stück Hühnchen, Brot und Pepsi erstanden hat – für 185 Rupien, knapp acht Mark. Teuer? Nein, das finde er ausgesprochen preiswert, sagt der Familienvater, reißt schwungvoll das Plastiktütchen mit dem Ketchup auf – und spritzt sich den Inhalt übers Jacket.

Außer in Indiens Hauptstadt New Dehli hat »Kentucky Fried Chicken« (KFC), die amerikanische Fast-food-Kette des Colonel Sanders, auch eine Filiale in der Stadt Bangalore – oder vielmehr: Sie sollte dort eine haben. Wir haben auch da recherchiert und wären bereit gewesen, noch einmal das Spesenbudget für eine Portion »Colonel's fries« zu strapazieren, doch in Bangalore stießen wir auf einen Trümmerhaufen. Von der Eismaschine bis zum Computer, von der Leuchtreklame bis zu den Fensterscheiben war so ziemlich alles demoliert. Hektische Aufräum- und Reparaturarbeiten waren im Gange, zum Zeichen, daß man den Kampf um die millionenstarke, konsumwillige indische Mittelschicht keinesfalls aufgeben wird – mag sich der Protest gegen die vermeintliche kulinarische Überfremdung auch schon mal in einer solch gewalttätigen Eruption äußern, wie sie die Hühnerbrater in Bangalore heimgesucht hat.

Indien öffnet sich. Ein Riesenmarkt mit neunhundert Millionen Menschen, darunter zweihundert Millionen mit leichter und fünfzig Millionen mit bereits erheblicher Kaufkraft, bietet sich dar – klar, daß dies unter den kleinen und großen Investoren dieser Welt eine Art Goldgräberstimmung ausgelöst hat. Klar aber auch, daß die Entwicklung in einer so lebendigen Demokratie wie der indischen, wo jeder das Recht hat, sich zu artikulieren, Widerstände wecken würde. Als am 1. Juni 1995 in Bangalore, der Hauptstadt des südindischen Staates Karnataka, KFC das erste ausländische Fast-food-Restaurant in Indien eröffnet, strömen die Gäste in Scharen, doch aktiv werden auch Protestgruppen, die vor »chemisch verseuchtem Fleisch« und Krebsgefahr warnen und Geschlechterverirrungen prophezeien – mit Männern, die Brüste entwickeln, impotent und unfruchtbar werden. Es kommt auch zu Drohungen, und KFC wird unter Polizeischutz gestellt.

Die Agitation der »Karnataka State Farmer's Association«, die unter der Führung des Rechtsprofessors Nanjundaswamy erstmals vor drei Jahren mit Gewaltakten gegen den amerikanischen

Saatgutmulti »Cargill Seeds« Schlagzeilen gemacht hatte, läßt das Gewerbeaufsichtsamt aktiv – und prompt fündig werden. Der Geschmacksverstärker Natriumglutamat werde übermäßig benutzt, sagen die Prüfer, jedenfalls stärker als in Indien erlaubt. Das Lokal wird geschlossen, per einstweiliger Verfügung aber noch am selben Tag wieder geöffnet. Es bleibt auch offen, denn das Gericht entscheidet zugunsten von KFC. Die Dinge scheinen sich soweit zu normalisieren, daß im Dezember die Polizei abgezogen werden kann. Da schickt Nanjundaswamy seine Schläger los. Eine Provinzposse, gewiß, aber eine, die fast weltweites Publikum hat und sogar eine Fortsetzung findet – diesmal auf großer Bühne in Delhi, wo im Oktober das zweite KFC-Lokal eröffnet wird. Wiederum muß ein chemischer Zusatz als Anlaß dafür herhalten, gegen KFC vorzugehen, doch weil sie damit nicht weiterkommen, nehmen die Inspektoren die Hygiene unter die Lupe – und entdecken Furchtbares: zwei Fliegen und ein bißchen Müll. Für indische Verhältnisse, so höhnen die Gazetten, sei das ein Wunder an Sauberkeit, und die *Sunday Times of India* empfiehlt, KFC mit einem Preis auszuzeichnen – weil nur zwei Fliegen gefunden wurden. Statt dessen wird KFC Delhi geschlossen. Doch nach 23 Tagen macht ein Gericht der Farce ein Ende: Das Lokal darf wieder aufmachen und das Publikum wieder essen, was laut Werbung »zum Fingerlecken gut« ist.

Ob das so ist oder nicht, mögen die Kunden entscheiden – für die Kontroverse ist es nicht weiter bedeutsam. Da spielen Fragen der Qualität und der Hygiene nur eine vorgeschobene Rolle. Worum es wirklich geht, ist die grundsätzliche

Frage, ob Indien nach Jahrzehnten autarker Abschottung und planwirtschaftlichen Gemurkses bereit ist für die Konkurrenz aus dem Westen. Für den linken Agitator Nanjundaswamy, ein zartes, kleines, aber scharfzüngiges Männchen, ist die Antwort klar: Inder, sagt er, bräuchten weder Fast food noch High-Tech, der Trend zur Globalisierung sei der Weg zu Versklavung, Entfremdung und Vereinzelung – und KFC sei nur der Anfang.

Ganz ähnlich klang es auch in Delhi – nur daß dort der Protest gegen die Schnellköche mit ihrem amerikanischen Erfolgsrezept aus einer ganz anderen Ecke kam. Die Eiferer, die mit dem Schlachtruf *Swadeshi* (Eigenständigkeit) vor wirtschaftlichem Kolonialismus, Ausbeutung und »fremden Werten« warnen, sind im näheren Umfeld der hindu-nationalistischen Bharatiya Janata Party (BJP) angesiedelt, die immerhin die größte Oppositionspartei ist und sich Hoffnungen macht, in den bevorstehenden Parlamentswahlen zur Regierungspartei aufzusteigen. Die BJP steht ausländischen Investoren zwiespältig gegenüber. Computerchips ja, Kartoffelchips nein, hört man ihre Funktionäre rufen. Und was den Colonel Sanders und seine Hühner betrifft, so sieht man die als »kulturelle Imperialisten«.

Manches davon mag man getrost auf das Konto Vorwahlkampf buchen – schließlich geht es gegen die Reformer und Öffner der regierenden Kongreßpartei. Andererseits aber trifft die fremdenfeindlich klingende Stimmungsmache durchaus einen Nerv in diesem Land, wo man stolz ist auf die eigene Kultur, wo das koloniale Trauma immer noch nachwirkt und die Furcht vor westlicher Überfremdung real empfunden wird. Vor allem die amerikanischen Investoren tun wenig, um diese Ängste zu zerstreuen. »Die kommen hier hemdsärmelig rein«, sagt ein Beobachter, »und versuchen, den Markt strategisch aufzurollen – wie bei einem Feldzug.« Der erste Etappensieg ging an die texanische Firma »Enron«. Der gelang es, sich im westindischen Staat Maharashtra ein gewaltiges Kraftwerksprojekt unter den Nagel zu reißen. Das war ein 2,8 Milliarden Dollar teurer Deal, den die BJP und ihr rechtsnationaler Partner Shiv Sena, angefeuert von Swadeshi-Zeloten, aber sogleich platzen ließen, nachdem sie 1995 in Maharashutra an die Macht gekommen waren. Vorwurf an die Amerikaner: korrupte Praktiken und überhöhte Kosten. Was jedoch vor allem für Aufregung sorgte, war der allgemeine Eindruck, daß es mit den wirtschaftlichen Reformen nicht mehr weit her sein kann, wenn ein so riesiges (und zur Energieversorgung dringend notwendiges) Investitionsprojekt einfach fallengelassen wird. Kurz danach kamen die Schlagzeilen über die Probleme bei »Kentucky Fried Chicken« – und da wirkte es tatsächlich so, als krieche Indien zurück in seine alte, autarkische Schale.

Dabei haben die Reformen längst tiefe Spuren in der Gesellschaft hinterlassen, haben Ansprüche geweckt, Einstellungen verändert, kurzum: verkrustete Verhaltensstrukturen aufgesprengt. Studentinnen, so zeigen Umfragen, verlangen sexuelle Freiheit und sehen Jungfräulichkeit bis zur Ehe nicht mehr als erstrebenswert an. Statt sich den Heiratsarrangements ihrer Eltern zu ergeben, fliehen junge Leute vom Land in die Städte und lassen sich dort in den Tempeln trauen. Eine Rechtsanwältin posiert im Männermagazin *Fantasy* halbnackt – und nutzt den anschließenden Eklat ungerührt zu Karrierezwecken. Überhaupt werden Frauen zusehends selbstbewußter – ob sie sich an der indischen Miss Universe Sushmita Sen, an der Aktivistin Kiran Bedi oder an der ehemaligen Banditenkönigin Phoolan Devi orientieren. Fremde Werte? Aber ja doch: Kabel- und Satellitenfernsehen boomen, schlüpfrige Seifenopern haben Hochkonjunktur. Nicht, daß die Moralapostel schon aufgegeben hätten: In Bombay wurden unlängst zwei Models – ein Mann und eine Frau – verhaftet, nachdem sie in einer Anzeige, nackt bis auf die Füße, für Turnschuhe geworben hatten. Doch das ändert nichts daran, daß da, wie es ein Landeskenner formuliert, »eine neue Generation ist, die sich individuell ausleben und konsumieren will«. Die Rede ist von der »Now-generation«, die ihre Sehnsüchte auf das Hier und Jetzt konzentriert – und nicht erst auf das nächste Leben. Getränkemäßig ist schon alles vorbereitet. Gegen die »cola-mäßige Gleichschaltung« (wie ein Spötter sagt) hat sich Indien lange Zeit erfolgreich gewehrt, doch nun ist es soweit: »Die Schlacht beginnt«, meldet *Business India* und meint die beiden US-Giganten Coca-Cola und Pepsi-Cola, die unter Einsatz von Millionen von Dollar um die indischen Konsumenten kämpfen.

Die Veränderungen strahlen bis in die ländlichen Regionen, wenngleich sie sich natürlich vor allem in den Städten zeigen. Eherne Gesetze gelten auf einmal nicht mehr – etwa, daß der Autoverkehr von Personenwagen geprägt zu sein hat, die »Ambassador« heißen und den Charme der fünfziger Jahre versprühen, oder daß der indische Kinobesucher nur die einheimischen Produkte der

Traumfabrik Bollywood mag. Seitdem amerikanische Filmhits wie »Jurassic Park« oder »Speed« in Hindi in die Kinos kommen, sind sie richtig erfolgreich, machen gutes Geld – und lehren Bollywood das Fürchten. Und was das Straßenbild betrifft, so dürfte es sich bald stark verändern. Was Rang und Namen besitzt unter den Autoherstellern, hat entweder schon angefangen, in Indien zu produzieren oder hat entsprechende Pläne. An führender Stelle läuft in Poona der erste in Indien zusammengesetzte Mercedes vom Band. »Da rollt«, sagt ein Fachmann, »eine Welle neuer Fahrzeuge auf den indischen Markt zu.«

Man mag sich fragen, wie solche Luxuslimousinen zu Indiens Armut passen – und darf gewiß sein, daß die BJP einen Teil ihres Wahlkampfes mit solchen Fragen bestreiten wird. Dennoch glaubt niemand, daß sie im Falle eines Wahlsieges versuchen würde, das Rad noch einmal zurückzudrehen. »Die Reformen«, sagt ein Insider, »würden weitergehen, allerdings langsamer und weniger konsequent.« Dafür spricht, daß die Rechtsnationalen in Maharashtra pragmatisch genug waren, »Enron« nach dem spektakulären Rausschmiß schnell wieder zurückzuholen. Ein neuer Vertrag wurde ausgehandelt, und seither rühmt sich die Shiv Sena/BJP-Regierung, die Kosten des zu bauenden Kraftwerks gesenkt und die geplante Megawattleistung gesteigert zu haben. Für die fremdenfeindlichen Swadeshi-Eiferer ist das allerdings nur ein schwacher Trost: Die fühlen sich betrogen und beklagen einen Rückschlag in ihrer Kampagne gegen die, wie sie es sehen, Invasion des Westens.

Auch ihre ungleichen Kampfgenossen in Bangalore haben an Boden verloren. Während Professor Nanjundaswamy mitsamt 101 Aktivisten in Haft genommen wurde, hat KFC in Windeseile das kaputte Lokal instand gesetzt und am vergangenen Wochenende wieder eröffnet. War da mal was? Ein gewalttätiger Zwischenfall vielleicht? Nein, nichts war. KFC erstrahlt im alten, sterilen Glanz, und weil's so schön ist und weil man sich als weltweit führender Schnellbrater von Hühnern vor gar nichts fürchtet, soll demnächst sogar noch eine weitere Filiale in Bangalore eröffnet werden. Das aber wird dann nur der Auftakt sein für einen Eroberungszug quer durchs Land. »Pepsico«, die Muttergesellschaft, hat für die Expansionspläne erst einmal achtzig Millionen Dollar bereitgestellt – je zur Hälfte für KFC und »Pizza Hut«. »McDonald's«, so hört man, soll auch bald folgen. Prost Mahlzeit!

Februar 1996

In den Schluchten der giftspeienden Phut-Phuts

Die Verkehrsströme in Indiens Hauptstadt sind nicht mehr zu bändigen, und niemand versucht ernsthaft, die lebensbedrohlichen Verhältnisse zu ändern

Bishambar Sharma hat ölige Hände und schwarze Fingernägel. Es scheint, daß er als Taxifahrer sein Gefährt nicht nur zu lenken, sondern auch zu warten hat. Daß er sich auf Motoren versteht, ist offensichtlich, denn jetzt zum Beispiel, da Bishambar in die Subhash Marg einbiegt, eine enge, alte Straße mit Läden auf beiden Seiten, da läuft die Maschine auf vollen Touren und speit zum Beweis ihrer Potenz dicken, schwarz aufquellenden Rauch aus dem Auspuff. »Phut-Phut« müßte das Fahrzeug machen, denn so heißt diese *Motorcycle Rickshaw* im Volksmund, aber über das Stadium solcher Kleinkindergeräusche ist das Taxi des Bishambar Sharma längst hinaus: Es bullert und knattert, daß es nur so eine Art ist.

Kurz vor dem »Delhi Gate« zieht mein indischer Begleiter ein Taschentuch heraus und hält es sich über Mund und Nase. Es ist ihm nicht zu verdenken, denn wir sind ganz tief unten in den Straßenschluchten, dort, wo sich täglich das Abgasgift tonnenweise zusammenbraut – und unser »Phut-Phut« bietet keinen Schutz davor, denn es ist nach allen Seiten offen. Ein »Phut-Phut« muß man sich so vorstellen, als hätten Esel und Hollywoodschaukel sich miteinander vermählt: Der vordere Teil besteht aus dem vorderen Teil eines gereiften

Harley-Davidson-Motorrads und der hintere aus einer von zwei Rädern gestützten Sitzfläche. Vier schlanke Menschen haben da gut Platz, aber Bishambar lädt sein Taxi möglichst mit acht voll.

Bishambar sagt, er sei von sieben Uhr morgens bis zum Ende der letzten Kinovorstellung, also etwa Mitternacht, auf der Straße. Das ist ein langer Arbeitstag, der seinem giftspuckenden Dreirad ausgiebig Gelegenheit gibt, zur Luftverpestung dieser Stadt beizutragen, die unter dem Druck von immer mehr Fahrzeugen allmählich an ihren eigenen Abgasen zu ersticken droht. In der Rangliste der Städte mit der größten Luftverschmutzung nimmt Delhi nach Angaben der Weltgesundheitsorganisation (WHO) den vierten Platz ein, und Besserung ist nicht in Sicht. Im Gegenteil: Die Beschaffenheit von Delhis Luft, schreibt die WHO in einer Studie, werde sich höchstwahrscheinlich weiter »rapide verschlechtern«. Dabei müssen Bewohner der Stadt in ihrem Gedächtnis nur zwei Jahrzehnte zurückgehen, um sich an eine angenehme, eher schläfrige Stadt zu erinnern, deren großzügig angelegter, als Gartenstadt gestalteter und in der Kolonialzeit entstandener neuer Teil mit breiten, baumbestandenen Alleen keine Verstopfungen und keinen Abgasgestank kannte. Doch die Zeiten haben sich geändert: Aus einer Kapitale, die 1971 gerade 3,6 Millionen Einwohner hatte, ist eine Megastadt mit zehn Millionen Menschen geworden, die sich bis zum Jahr 2000 auf 13 Millionen vermehrt haben werden. Mehr Menschen, mehr Kraftfahrzeuge: Mit 2,2 Millionen hat Delhi heute das Elffache dessen, was vor zwanzig Jahren durch die Straßen fuhr, und jeden Tag kommen etwa fünfhundert Fahrzeuge dazu.

Zum Klischee vom bitterarmen Indien mag das nicht so recht passen – und zu der Tatsache, daß fast die Hälfte der Bevölkerung von Delhi unter miserablen Bedingungen in Slums vegetiert, auch nicht. Doch dies ist die Hauptstadt, es gibt hier eine aufstrebende Mittelschicht; viele können sich ein Fahrzeug leisten – und sei es auch nur ein Moped oder einen Motorroller. Zweiräder machen den weitaus größten Anteil am Hauptstadtverkehr aus, der zwar – verglichen mit einer so notorisch verstopften Stadt wie Bangkok – selbst in Spitzenzeiten mit einer Durchschnittsgeschwindigkeit von zwanzig Stundenkilometern noch einigermaßen flüssig ist; aber das ist nur ein schwacher Trost angesichts der Zerstörungen, die er anrichtet. Die einen, die unmittelbaren, drücken sich in Unfallzahlen aus. In keiner anderen Stadt der Welt passieren – gemessen an der Zahl der Fahrzeuge – so viele Unglücke auf den Straßen, ist die Zahl der Unfalltoten mit mehr als 1700 pro Jahr derart hoch. Ein Grund dafür ist, daß sich in Delhi die Langsamen und die Schnellen, die Dicken und die Schmächtigen, die von Pferdestärken und die von Menschenkraft Angetriebenen alle ohne Unterschied durch dieselben Straßenschneisen wälzen.

Da sind die Ochsenkarren und die Flitzer vom Typ »Suzuki-Maruti«, da sind die Fahrrad-Rickshaws und die vom Charme der fünfziger Jahre geprägten Personenwagen der Marke »Ambassador«, da sind die als besonders rücksichtslos geltenden Busse der »Red Line«, die man ihrer Unfallhäufigkeit wegen »Blood Line« nennt. Da sind die im Lastenverkehr tätigen »Jalli-wallahs«, »Jhota Buggis« und »Rehra-rehris«, da sind die im Schutz ihrer Heiligkeit bedenkenlos durch das Gewühl schlendernden Kühe, die Pferdefuhrwerke, die von Festlichkeiten heimtrottenden Elefanten – und da sind, natürlich, die »Phut-Phuts«. All das ist – zumal bei der in Delhi üblichen aggressiven Fahrweise und der viel zu geringen Zahl von Verkehrspolizisten – ein bißchen viel auf einmal, und die Folgen sieht man an dem »Gemetzel«, wie Anil Agarwal die ständigen Verkehrsunfälle nennt.

Anil ist ehemaliger Journalist und heute Direktor des Umweltinstituts »Centre for Science and Environment«, und ihn hatten wir besucht, um über die mittel- und langfristigen Folgen der Verkehrsflut zu sprechen. Ist Delhi wirklich in Erstickungsgefahr? Statt einer Antwort hustet Anil und zeigt auf zwei vor ihm zwischen Papierstapeln liegende Dosier-Aerosole, wie sie zur Bekämpfung von Asthma verschrieben werden. »Es wird schlimmer und schlimmer«, sagt er, und man weiß nicht, ob er die Luftverschmutzung, sein Asthma oder beides meint. Anil hat als Zeitungskorrespondent eine Zeitlang in London gelebt – einer Stadt, die ja nun auch nicht gerade als Luftkurort bekannt ist. Doch dort ist er zum begeisterten Fahrradfahrer geworden. Nach seiner Rückkehr setzte Anil in Delhi die gewohnte Praxis des Radelns wie selbstverständlich fort – für genau fünf Tage. »Da bekam ich so schlimmes Asthma, daß ich mich in ärztliche Behandlung begeben mußte.« Inzwischen fährt er Auto, und nun hat ihm der Arzt geraten, sich einen klimatisierten Wagen anzuschaffen.

Anil gehört zu den mehr als drei Millionen Menschen in Delhi, die unter Atemwegserkrankungen leiden. Das ist das Zwölffache des Landesdurchschnitts. Gerade haben die Zeitungen geschrieben, daß sich die Zahl der asthmakranken Kinder in der Hauptstadt in zwei Jahren verdoppelt hat. Erstaunlich ist das nicht, wenn man weiß, daß jeden Tag 2200 Tonnen Schadstoffe in die Luft gepustet werden, und zwar zwei Drittel davon aus den Auspuffrohren von Fahrzeugen. Insbesondere die Konzentrationen von Schwebstaub mit seinen (teilweise krebserregenden) Rußpartikeln haben sich seit 1982 mehr als verdoppelt und überschreiten mittlerweile sämtliche Richtwerte der WHO bei weitem. Verglichen mit deutschen Großstädten ist die Belastung durch Kohlenmonoxid, durch Stickoxide und Ruß zwei- bis dreimal so groß, behauptet die deutsche Botschaft und warnt die Diplomaten des Bonner Außenministeriums, daß der Standort Delhi »ungünstig ist bei Asthmatikern, bei Neigung zu Bronchitiden und allen Herzkreislauf- sowie Lungenerkrankungen«.

Aber wenn es wirklich so schlimm ist, warum tut dann keiner etwas? Gibt es keine Mittel zur Schadensbegrenzung? Doch, gibt es. Da sind zum Beispiel die vor zwei Jahren eingeführten regelmäßigen Abgastests, doch die, sagt Dr. S. M. Sarim vom »Central Road Research Institute«, stellten »mehr ein Ritual als einen ernsthaften Versuch der Kontrolle« dar. Die Kontrolleure könnten zum Teil gar nicht mit den Meßgeräten umgehen, und oft bestehe der Test darin, daß »gegen ein paar Rupien so lange am Motor herumgefummelt wird, bis die Abgaswerte stimmen«. Auch die Regierung scheint die Sache nicht wirklich ernst zu nehmen, jedenfalls hat sie die ursprünglich viel schärfer gefaßten neuen Grenzwerte für diese Tests derart abgeschwächt, daß es der *Economic Times* vorkam wie eine »Kapitulation« vor der Kraftfahrzeug-Lobby.

Fehlenden politischen Willen beklagt auch Anil Agarwal, der sich manchmal vorstellt, wie er als Umweltminister die Marktkräfte so manipulieren würde, daß am Ende alle nur noch Fahrrad fahren. Ein schöner Traum, aber so unrealistisch wie ein »Phut-Phut« mit schadstofffreien Abgasen. Natürlich kennt auch er das Beispiel Singapurs, wo die Autoflut über den Preis, also dadurch eingedämmt wurde, daß man Fahrzeuge extrem teuer gemacht hat. Aber auf Indien bezogen, kann er sich das kaum vorstellen: »Die Mittelklasse würde auf die Barrikaden gehen – die wollen doch noch nicht mal fünf Meter zu Fuß gehen.« Ein modernes Massentransportsystem wäre ein Beitrag zur Lösung, aber statt eine Entscheidung zu treffen, werden seit 25 Jahren immer nur Berichte verfaßt – mittlerweile 34 an der Zahl.

Ist die Stadt, deren Ursprünge bis in vorchristliche Zeiten zurückreichen, demnach also doch auf dem Weg, unbewohnbar zu werden? Für Sarim ist das keine Frage. Für ihn ist die Grenze des Zumutbaren längst überschritten, und er sagt: »Wenn ich woanders Arbeit hätte, wäre ich nicht mehr hier.« Sarim hat Verwandte im Punjab, und zwar dort, wo die Luftverschmutzung ebenfalls erheblich ist. Aber in der Hauptstadt besuchen kommen die ihn nicht mehr – »die sagen, sie halten die Luft in Delhi nicht aus«.

Trübe Perspektiven also, viel Ratlosigkeit, und der Mann, dessen Aufgabe es ist, die tägliche Blechlawine in halbwegs geordneten Bahnen zu halten, macht keinen sehr tatendurstigen Eindruck – und das, obwohl er erst seit wenigen Wochen im

Amt ist. Qamar Ahmed ist der neue Chef der Verkehrspolizei von Delhi, und auf die Frage, wie es weitergehen, wie der immer größer und gefährlicher werdende Lindwurm gebannt werden soll, sagt er mit entwaffnender Offenheit, er wisse es nicht und er habe auch noch nicht darüber nachgedacht. Der Vorgänger, immerhin, hat sich wenigstens der eigenen Leute angenommen, hat an jene Verkehrspolizisten, die an den großen Kreuzungen Dienst tun müssen, also dort, wo die Dreck- und Giftmengen am größten sind, Gasmasken ausgeben lassen. Die Muster der verschiedenen Maskentypen hängen noch heute im Chefzimmer – eine makabre, apokalyptische Visionen weckende Galerie. Auch an der Link Road im Stadtteil Jhandewalan in den kleinen Läden für Motorradhelme hängen neuerdings Masken aus. Keine Gasmasken, sondern nur einfache Staubfilter der Marke »Dustnil«. Verkaufsschlager waren sie bisher nicht, aber ein Verkäufer namens Shankar ist sich sicher: »Die Dinger haben Zukunft.«

Bishambar Sharma hat jetzt den Connaught Place erreicht – den Endpunkt der Strecke, die er jeden Tag rund ein dutzendmal hin- und herfährt. Er stellt sein Fahrzeug ab und entläßt seine beiden Passagiere, von denen der eine sich noch darüber klarzuwerden versucht, was ihn mehr irritiert: die Tränen in den Augen, das Würgen im Hals oder das Brummen im Schädel. Bishambar – 27jährig, verheiratet, zwei Kinder – macht es sich für eine kleine Pause gemütlich auf seinem Taxi, das er von einem Sikh gemietet hat und das seine einzige Verdienstmöglichkeit darstellt. Wenn alles gut läuft, bleiben ihm am Tag 45 bis 50 Rupien – weniger als drei Mark. Und selbst um diesen kümmerlichen Lohn muß er bangen, denn er weiß, daß es Bestrebungen gibt, wenigstens die als besonders üble Dreckschleudern geltenden »Phut-Phuts« abzuschaffen. Man hört widersprüchliche Angaben darüber, wie viele von diesen Vehikeln es in Delhi noch gibt. 614, sagen Bishambar und seine Kollegen, die fest entschlossen zu sein scheinen, ihre Geldquelle zu verteidigen. Einmal sind sie protestierend schon aufgefahren, und man kann sich leicht vorstellen, daß das eine eindrucksvolle Vorstellung gewesen sein muß. Vielleicht war sie aber auch ein bißchen kontraproduktiv, denn diese geballte Ladung von Gift- und Krachmachern dürfte die Behörden eher darin bestärkt haben, sie möglichst bald aus dem Verkehr zu ziehen. Aber noch ist es nicht so weit, und Bishambar macht einen sehr gelassenen – und übrigens recht gesunden – Eindruck. Ob man sich gegen Abgase abhärten kann? So als hätte er unsere Gedanken erraten, gibt er zum Abschied eine kleine Demonstration seiner offenbar völligen Immunität gegen alles Schädliche – er steckt sich gleichmütig eine Zigarette an.

Dezember 1993

Heimsuchung in der Nacht des Elefantengottes

Lokaltermin im Erdbebengebiet von Maharashtra

Eine Säule aus Rauch weist uns den Weg. Mal kräuselt er sich hinter dem leuchtend gelben Sonnenblumenfeld als zarter Schatten vor dem milchigen Nachmittagshimmel, mal quillt er in tiefschwarzen Schwaden hektisch nach oben. Dann sind die Flammen zu sehen, die hoch emporlodern, und man weiß: Nun haben sie wieder Treibstoff nachgegossen, damit die Leichen schneller verbrennen, denn es warten noch mehr. Beim Näherkommen sieht man, daß die Brandstelle ein zwar provisorisches, aber riesiges Krematorium ist. Gräben hat man ausgehoben und darin, zwischen Schichten aus Holz, werden die Erdbebenopfer eingeäschert. Es liegt ein süßlicher Geruch in der Luft, die Menschen halten sich Tücher vor den Mund. Wenn es nur nicht so viel regnen würde! Das Holz ist feucht und brennt schlecht.

Ort der Toten, Ort der Lebendigen: Weil Khillari mit am schlimmsten zugerichtet wurde, als das Leben am Donnerstagmorgen diesen Landstrich im Südwesten Indiens heimgesucht hat, sind Menschen überall in der Umgebung aufgebrochen, das Desaster zu bestaunen. Khillari wimmelt an diesem Wochenende von Schaulustigen. Es ist der 124. Geburtstag des großen Mahatma Gandhi, ein öffentlicher Feiertag also, die Leute haben Zeit, und so verwandeln sie, wie der *Indian Express* in seiner Sonntagausgabe angewidert feststellt, den Unglücksort Khillari kurzerhand in eine »Touristenattraktion«. Für die staatlichen Sicherheitskräfte, die im Rahmen der *Operation Sahayata* (Operation Hilfe) in die Unglückszone abkommandiert worden sind, stellt diese Invasion von Neugierigen ein einziges Ärgernis dar. »Wie soll man da Hilfe leisten?« fragt ein Polizeiinspektor und zeigt hilflos auf die von Menschen und Fahrzeugen blockierte Hauptstraße von Khillari.

Dabei hat man auch so schon Probleme genug. Seit drei Jahren herrscht im Distrikt Latur, in dem Khillari liegt, Dürre, aber nun, da bei den Bergungsarbeiten trockenes Wetter so wichtig wäre, regnet es in Strömen. Vorhin erst ist ein schweres Gewitter zu Ende gegangen, bei dem Sturmböen den Monsunregen wie Wasserfälle über das Land gepeitscht und bewirkt haben, daß Khillari noch ein Stück tiefer im Morast versunken ist. An manchen Stellen sind die Straßen überflutet. In Wasser und Matsch aber ist es nahezu unmöglich geworden, in dem Trümmerfeld, das von dem Ort übriggeblieben ist, nach Verschütteten zu suchen, obwohl gerade die feuchte Witterung Grund zu größter Eile wäre. Denn unter diesen Bedingungen werden die Leichen schneller verwesen und sich die Seuchengefahren entsprechend erhöhen.

Solcher Art also sind heute die Sorgen in einem Ort, der mal ganz nett gewesen sein muß. Hier, am Fluß Tirnar mit seinen fruchtbaren Ufern, haben sich Bauern angesiedelt, die mit dem Anbau von Zuckerrohr, Hirse und Weizen – von gelegentlichen Dürreperioden abgesehen – meist ihr Auskommen fanden. Auch Weintrauben gedeihen hier, und zwar in so guter Qualität, daß sie exportiert werden und 1992 in London sogar mit einem Preis ausgezeichnet worden sind. Doch das ist jetzt schon ferne Vergangenheit, denn in Khillari wird es nie wieder so sein, wie es einmal war. Die Siedlung mit ihren 2450 Häusern ist zu siebzig Prozent zerstört, von ihren 13.208 Einwohnern gelten 1700 als tot. Wer überlebt hat, ist hastig abgewandert – zu Freunden, Verwandten oder in irgendwelche Notlager.

Daß sich das Beben in Khillari und Dutzenden vor anderen Dörfern im Distrikt Latur und im Nachbardistrikt Osmanabad so verheerend auswirken konnte, ist ein typisches Dritte-Welt-Phänomen. Unter dem Zwang von Armut haben die Leute ihre Häuser mit schweren Natursteinen gebaut und diese nur mit Lehm zusammengefügt. Das mag unter normalen Bedingungen eine halbwegs solide Konstruktion sein, aber wenn die Erde wie von einer unsichtbaren Faust gerüttelt und geschüttelt wird, dann bricht, wie bei einem Erdrutsch, alles auseinander. Wo einmal Häuser standen, sieht man in Khillari heute fast nur noch Schutt- und Geröllhalden. Zu den Gebäuden, die erhalten blieben, zählen – gleichsam als triumphierende Statthalter des Fortschritts – die wenigen Häuser, die mit Zement gebaut wurden: die Bank von Maharashtra zum Beispiel und sogar der auf langen, dünnen, stelzenartigen Beinen stehende Wasserturm.

Es war morgens, wenige Minuten vor vier Uhr, als die Erde anfing zu wackeln – und das wirkte wie eine besondere Infamie der Natur, denn um diese Zeit schlafen die Menschen und sind einstürzenden Wänden und Dächern völlig schutzlos ausgeliefert. Daß dennoch eine beträchtliche Anzahl mit dem Leben davonkam, lag womöglich an dem in diesem Teil Indiens groß gefeierten *Ganesh-Festival*. Ganesh ist im Hindu-Pantheon der Elefantengott. Einmal im Jahr wird seiner in einer mehrtägigen Feier gedacht, die in einem großen Finale endet, das spät abends beginnt und meist bis in die frühen Morgenstunden dauert. Dieses Finale hat in der Nacht vor der Katastrophe stattgefunden. Viele dürften erst kurz vor dem Beben nach Hause zurückgekehrt sein und vielleicht noch nicht geschlafen haben – oder erst ganz leicht.

So jedenfalls war es im Haus des Bauern Allah Bux. Als Moslem ist er kein Anhänger von Ganesh, aber weil es eine prächtige Feier ist, waren die Mitglieder seiner Familie in dieser Nacht ebenfalls unterwegs. Erst zwischen drei und vier Uhr morgens kamen sie zurück und hatten sich gerade hingelegt, als das Erdbeben begann. Das hat ihnen das Leben gerettet. Alle in der 27köpfigen Großfamilie blieben unversehrt – alle, bis auf zwei. Ein Sohn und eine Schwiegertochter wurden von dem Steinhagel getroffen und zugeschüttet, und als sie kurz danach ausgegraben wurden, lebte nur noch der Sohn. Er liegt jetzt schwerverletzt im Distriktkrankenhaus von Latur. »Ich hoffe, daß er durchkommt«, sagt der Vater, der das Beben wie »Salven von Maschinengewehrstößen« in Erinnerung hat. Seine Familie ist dabei, Habseligkeiten, die sie aus den Trümmern hat bergen können, zu verpacken und zu verstauen. Denn wie die anderen, die schon gegangen sind, will man möglichst schnell weg von diesem Ort, der sich »in Sekundenschnelle« (so Allah Bux) bis zur Unkenntlichkeit verändert hat. Die Wohngegend um sein zerstörtes Haus herum sieht aus wie ein Steinbruch.

Daß dieses Unglück vermeidbar gewesen wäre, ist eine Behauptung, die in den letzten Tagen wiederholt aufgestellt und in den Medien ausführlich diskutiert wurde. Mit vorwurfsvollem Unterton (und offenbar auf politischen Vorteil zielend) kam sie zuerst von der oppositionellen Bharatiya Janata Party (BJP), die der zuständigen und von der Congress Party beherrschten Regierung des Bundesstaates Maharashtra vorwarf, eine Serie leichter Erschütterungen im Gebiet von Khillari Ende vergangenen Jahres nicht ernstgenommen und die Bitten der Dorfbewohner um Evakuierung in eine andere Gegend ignoriert zu haben. Richtig daran ist, daß es letztes Jahr kleine Beben in Khillari und bei den Bewohnern verständliche Aufregung gegeben hat.

Warum es freilich nicht zu konkreten Schritten gekommen ist, ob die Staatsregierung die Beben als unbedeutend heruntergespielt hat, ob die Dorfbevölkerung unwillig war, das Land ihrer Vorväter zu verlassen, oder ob, wie Allah Bux behauptet, die ganze Sache schlicht an mangelnder finanzieller Hilfe des Staates für die umzusiedelnden Bauern gescheitert ist – darüber wird zur Zeit heftig gestritten. Den Betroffenen nützt diese Diskussion freilich nichts mehr. Ihre Existenz liegt in Trümmern und die Überlebenden müssen noch einmal von vorne anfangen, und ob ihnen wenigstens dabei geholfen wird, steht noch keineswegs fest. Zwar hat die Staatsregierung von Maharashtra den Familien der Umgekommenen eine Nothilfe von 25.000 Rupien (1347 Mark) zugesagt, doch fürchten viele, daß diese Gelder wahrscheinlich im Dschungel einer korrupten Bürokratie steckenbleiben und allenfalls als minimale Bruchteile an die Opfer gelangen werden.

Im Moment allerdings ziehen die Menschen von Khillari und den anderen Dörfern noch eine große Welle der Hilfsbereitschaft auf sich. Zwar liegt die Zahl der Todesopfer, die von den indischen Zeitungen, aber auch von der – ansonsten als besonders seriös geltenden – britischen BBC anscheinend bedenkenlos auf bis zu dreißigtausend hochgepeitscht worden ist, nach offiziellen Zählungen derzeit bei »nur« knapp zehntausend, doch auch damit kann dieses Erdbeben angeblich den traurigen Ruhm beanspruchen, das schlimmste und folgenreichste seit der Unabhängigkeit Indiens gewesen zu sein. Dieser Spitzenstellung entspricht die Mobilisierung jeder nur denkbaren (oft allerdings die Koordination des humanitären Einsatzes erschwerenden) Hilfe. Ob Textilunternehmen Kleidung stiften, Hotels Care-Pakete packen, die Filmindustrie Gelder sammelt, Unternehmer Privatflugzeuge zur Verfügung stellen oder Zeitungen zu Spenden aufrufen – die Bereitschaft, sich zu engagieren, ist groß.

Doch es gibt auch die anderen, die Geier, die sich »in der Verkleidung von Trauernden« (*Indian Express*) über die Leichen hermachen und die Ruinen nach Verwertbarem abgrasen. In Khillari bieten die vielen Katastrophentouristen ideale Deckung für solches Gesindel, das sich zum Beispiel beim Bauern Bux den Schmuck der umgekommenen Schwiegertochter angeeignet hat. Und auch den offiziellen Helfern ist nicht unbedingt zu trauen. Jedenfalls wird nun daran erinnert, daß 1991, nach dem letzten Erdbeben in Indien in einer

Gegend namens Uttarkashi, Hilfsgüter für die Opfer zu Privatgeschäften mißbraucht worden sind. Statt bei den Betroffenen landeten Decken, Kleidung und Baumaterialien auf lokalen Märkten.

Khillari am späten Samstagnachmittag: Noch immer ist der Ort voller Menschen, und als wären die nicht schon lästig genug, müssen sich auch noch Konvois mit bedeutenden Menschen der Spezies Politiker durch die engen Straßen quetschen. Schon wieder hängen schwere Regenwolken am Himmel, mißtrauisch beäugt von Brigadier Pritam Singh, dem die für die Hilfsoperationen im Distrikt Latur eingesetzten 1500 Soldaten unterstehen. Man sei dabei, »die Dinge allmählich in den Griff zu bekommen«, sagt er, »nur das Wetter müßte endlich mitspielen.« An zwei Stellen im Ort brennen Krematoriumsfeuer, aber nur so lange, wie es nicht wieder schüttet. Längst ist der Holzvorrat ausgegangen und muß mit Lastwagen herbeigeschafft werden. 1064 Tote sind in den offenen Feuern in Khillari bisher verbrannt worden.

Durch die Trümmerlandschaft schnüren Hunde, zwischen den Gesteinsbrocken schnüffeln Schweine. Wie ganz leichter Pulverschnee liegt ein Desinfektionsmittel auf dem Matsch. Am Freitag, an die dreißig Stunden nach dem Beben, hatte man drei Lebende aus dem Schutt geborgen. Aber jetzt, sagt der Militärarzt A. K. Ghosch, »wäre es ein Wunder, wenn wir noch Lebende finden würden«. Doch genau so ein Wunder ereignet sich am Samstag: Im benachbarten Distrikt Osmanabad wird, wie am Sonntag berichtet wird, sechzig Stunden nach dem Beben eine 102 Jahre alte Frau in den Trümmern gefunden – unverletzt. Durch eine umgefallene Tür hatte sich eine Nische gebildet und die Greisin vor dem Geröll geschützt. Das ist immerhin eine gute Nachricht aus dem Erdbebengebiet, wo freilich weiterhin die schlechten überwiegen. Am frühen Samstagmorgen, sagen die Leute, sei wieder ein Beben zu spüren gewesen.

Oktober 1993

Ein Land erwacht als Paria

Indien nach der Pest: Der Alptraum wird verdrängt

Geisterstadt? Ein paar Wochen ist es erst her, daß Surat so beschrieben wurde: als eine Stadt der Angst, totenstill, mit menschenleeren Straßen und verlassenen Fabrikhallen. Inzwischen ist das Gewühl in der Zweimillionenstadt wieder genauso schlimm wie eh und je, und wenn es vielerorts stinkt wie die Pest, dann ist das unter den Umständen eher ein gutes Zeichen. Das penetrante Gemisch aus Auto- und Industrieabgasen und menschlichen Exkrementen zeigt nämlich, daß die Stadt wieder lebt. R. C. Kansara, der höchste Beamte, der sich an diesem Tag in der Stadtverwaltung auftreiben läßt, mag denn auch von Lungenpest und Hysterie nichts mehr hören. Der korpulente Herr, der einen protzigen Ring am Zeigefinger trägt, thront herrschaftlich unter einem Porträt von Mahatma Gandhi und diktiert uns in den Block, was wir schreiben sollen: »Sagen Sie der Welt: es gibt keine Panik in Surat, und es bedeutet keinerlei Risiko, hierher zu kommen.« War also alles nur ein schlimmer Traum?

Nein, es waren offenbar wieder mal die bösen Medien, die ihrer Phantasie freien Lauf gelassen und alles hemmungslos übertrieben haben. So sagt es D. B. Khadepaw, Direktor der Textilfirma »Garden Vareli«, die für ihre Saris in ganz Indien bekannt ist. Ja, gibt er zu, auch sie seien nach Ausbruch der Lungenpest in Surat von dem großen Exodus der mehr als dreihunderttausend panisch fliehenden Bewohner betroffen gewesen. Die paar hundert Arbeitnehmer der Firma hätten sich aber sehr schnell wieder eingefunden, und der Produktionsausfall von zwei Tagen sei nun wirklich kaum der Rede wert. Herr Khadepaw macht eine wegwerfende Handbewegung. Viel Wind um nichts soll das heißen. 57 Pesttote – was, bitte schön, solle daran so besonders sein, wo doch Malaria jedes Jahr mindestens ebensoviel Tote fordere? Von Angst könne keine Rede mehr sein, niemand trage mehr Masken vor dem Gesicht – »warum auch? Jeder weiß doch, daß Lungenpest mit Tetracycline leicht zu heilen ist«.

Der Prozeß der Verdrängung scheint offenbar in vollem Schwung zu sein, wie man sich überhaupt in Indien nach dem Schock der von Surat ausgegangenen Pestepidemie mehr in Beschönigungsversuchen als in Ursachenforschung ergeht. So werden ganze Magazinspalten und Fernsehsendungen mit Erörterungen der Frage gefüllt, ob es denn wirklich die Pest und nicht womöglich eine andere Krankheit war und ob die Behörden nicht viel zu voreilig und zu heftig auf den Alarmknopf gedrückt und so unnötigerweise eine nationale Krise ausgelöst haben. Auch der Lieblingsfeind Pakistan ist zum Zwecke der Ablenkung bemüht worden – und zwar mit der phantasievollen These, dessen Geheimdienst ISI habe in einer Art von biologischer Kriegführung verseuchte Ratten an der Küste von Surat ausgesetzt. So hätte man es gern: einen Sündenbock, auf den man zeigen könnte – als Labsal für die verwundete Seele.

Als ein Land, das gerade begonnen hat, seine wirtschaftlichen Muskeln zu entdecken, will Indien diese nun endlich auch spielen lassen und international zur Geltung bringen – doch dann wacht man eines Tages aus den hochfliegenden Träumen von der angehenden Wirtschaftsmacht auf und ist plötzlich nur ein Pariastaat. Auf einmal werden indische Frachter, sofern sie überhaupt in ausländische Häfen hineingelassen werden, vor der Entladung chemisch behandelt, werden aus Indien eingeführte Lebensmittel auf arabischen Marktplätzen eilig eingesammelt und verbrannt, müssen sich indische Passagiere nach der Ankunft in fremden Ländern ausführlichen Gesundheitskontrollen unterziehen, darf Air India eine Reihe von Ländern nicht mehr anfliegen. In der Summe ergibt das eine nationale Demütigung, die äußerst weh tut – vielleicht sogar mehr als der Verlust der einen Milliarde Dollar, die Indien durch die Pest an Exporterlösen eingebüßt haben will.

Das Image eines modernen Staates, das in den vergangenen Jahren sorgfältig aufgebaut worden sei habe schweren Schaden genommen, klagt das Magazin *Business India* – und spekuliert düster über die Auswirkungen auf ausländische Investitionen. Die Sorgen sind wohl berechtigt, wobei abschreckend aber nicht nur die Wiederkehr der Seuche, sondern auch die mangelnde Bereitschaft wirken dürfte, den Ursachen auf den Grund zu gehen und vorbeugende Maßnahmen für die Zukunft zu ergreifen. Die Regierung hat getan, was sie immer tut, wenn sie sich eines lästigen Problems entledigen will: Sie hat eine Untersuchungskommission eingesetzt, deren Empfehlungen, wie die Zeitschrift *Frontline* aus Erfahrung höhnt, wahrscheinlich irgendwo »verstauben«

Dabei ist das Problem, das dem Comeback der Pest zugrunde liegt, für jeden, der sehen und riechen kann, offenkundig: Es besteht in dem unsagbaren Dreck, in dem Indiens Städte versinken. Berge von Müll, Flüsse von ungeklärten Abwässern, Haufen von Exkrementen: Surat, das mit seiner florierenden Textil- und Diamantenindustrie Hunderttausende Arbeitskräfte angezogen und so einen Wildwuchs von Elendssiedlungen ausgelöst hat, ist beileibe kein Extremfall, sondern nur eines von vielen Beispielen. Ein Viertel der Bevölkerung Indiens – etwa 217 Millionen Menschen – lebt in Städten, und wiederum mindestens ein Viertel von ihnen sind Slumbewohner. In großen Städten ist der Anteil deutlich höher: Mehr als die Hälfte von Bombays zehn Millionen Einwohnern haust in Elendsquartieren, und in Kalkutta bleibt Hunderttausenden nur die Straße. Selbst mit leistungsfähigen kommunalen Strukturen wäre unter diesen Umständen ein Minimum an Hygiene kaum herzustellen – mit Stadtvätern jedoch, die nach allgemeiner Meinung in der Regel korrupt, ineffizient und völlig demotiviert sind, ist überhaupt nichts auszurichten.

»Welche Stadt ist die dreckigste?« fragt das Magazin *India Today* und stellt neun Metropolen vor, die allesamt des Abfalls nicht mehr Herr werden. Von Kalkutta schreibt das Blatt, die vor Unrat schier überfließende und nach Atem ringende Stadt stehe vor einer »urbanen Apokalypse«. Nicht viel besser die Hauptstadt Delhi: Mit ihren 4300 Slums, in denen weder Müll- noch Abwasserentsorgung existieren, biete sie ein »Bild des Drecks«. Saubergehalten werden in der Kapitale nur »VIP areas« – die Wohnviertel für die *very important persons* der Regierung und der Botschaften. Kein Wunder, daß die Städte zu Brutstätten von

Krankheiten und Seuchen wurden. Laut UNICEF, dem Kinderhilfswerk der UNO, sterben in den städtischen Slums jedes Jahr fast dreihunderttausend Kinder an Durchfall. Von tausend neugeborenen Slumbabys sind 123 ohne Chance. Durchfall, Diphtherie, Tetanus und Masern sind die häufigsten Todesursachen.

Es ist dieses Biotop des Elends, in dem auch die Lungenpest entstanden ist. Sie hätte vielleicht einen Wendepunkt der indischen Gesundheits- und Kommunalpolitik bedeuten können – aber dazu hat sie wohl nicht heftig genug gewütet. 57 Tote sind die offizielle Bilanz in Surat, der letzte von 1013 Patienten wurde am 25. Oktober aus dem »New Civil Hospital« entlassen. Der Schock hat nur zu ein paar demonstrativen Gesten gereicht. So hat es der Gouverneur des Staates Maharashtra gerade für eine gute Idee gehalten, in putzig aufgemachten Anzeigen (»I love Bombay«) die Bürger zu einem »Clean Chowpatty Drive« einzuladen – einem sonntäglichen Reinemachen am Strand. Wohl hat man hie und da Müllmänner mal richtig zufassen lassen, doch »die meisten Städter«, schreibt *India Today*, »werden sich keine Illusionen machen, daß diese Säuberungsaktionen länger als ein paar Wochen anhalten«.

Nur Imagepolitur? Auch in Surat sind erkennbar die Müllberge abgetragen worden – doch »sauber«, wie Herr Kansara von der Stadtverwaltung sich in die Brust werfend verkündet, ist die Stadt deswegen noch lange nicht. Wie sollte sie auch, mit einer Million Slumbewohnern, für deren Abfälle und Abwässer es keinerlei Entsorgung gibt? Surat hat aber auch nachdenklichere Stadtväter. Balwant Singh ist so einer. Doch als Lösung für das Slumproblem fällt auch ihm nicht mehr ein, als an die Staats- und die Zentralregierung zu appellieren, mit den Industriellen der Stadt ein »massives Wohnungsbauprogramm« anzuschieben. Die Begeisterung, ausgerechnet der Stadt finanziell unter die Arme zu greifen, die zu den reichsten in Indien gehört, dürfte sich indes in engen Grenzen halten. Direktor Khadepaw von der führenden Textilfirma »Garden Vareli« winkt gleich ab. Die Arbeiter werden gute Häuser nur ruinieren, meint er, wenn man sie nicht zuvor über die Bedeutung von Hygiene aufkläre und dazu bringe, ihre Gewohnheiten zu ändern.

Was also tun? Die Gewohnheiten, die es zu verändern gelte, sagt Dr. Vajpejee, stellvertretender Leiter des Pestkrankenhauses von Surat, seien leider »tief verwurzelt«. All das klingt nicht verheißungsvoll, und so ist wohl davon auszugehen, daß alles weitergeht wie bisher. Sind erst die noch abgängigen Pestflüchtlinge, rund 175.000, zu ihrer Arbeit zurückgekehrt, werden alle Fabriken wieder auf vollen Touren laufen, werden die Müllberge erneut wachsen, und was das schlechte Image der *plague city*, der »Peststadt«, betrifft, so wird, wenn nichts anderes, gewiß die Vergeßlichkeit der Menschen helfen. Ob man mit dieser Form der Vergangenheitsbewältigung davonkommt, wird sich zeigen. Manche haben Zweifel und denken, wie die Zeitschrift *Frontline*, über die Möglichkeit eines Rückfalls nach.

November 1994

Das Fenster Indiens

Funktionierende Anarchie:
Mit dem Zug von Bombay nach Kalkutta

Früher hätte es in der Situation einen Trost gegeben. Früher hätte da ein Schild gehangen mit dem hoffnungsfrohen Hinweis: »Trains running late are likely to make up lost time« – verspätete Züge werden die verlorene Zeit wahrscheinlich aufholen. Heutzutage indes wird man allein gelassen mit seinem Ärger und den wehmütigen Gedanken an das schöne, weiche Hotelbett. Aber S., mein indischer Begleiter, mußte ja unbedingt darauf bestehen, eine Stunde vor Abfahrt am Bahnhof zu sein – um fünf Uhr morgens, also praktisch mitten in der Nacht. Erst die Taxifahrt durch die dunklen und zur Abwechslung mal leeren Straßen von Bombay und dann die Durchquerung der Bahnhofshalle, die um diese Zeit wie ein riesiger Schlafsaal aussah – ein Schlafsaal freilich ohne Betten. Der Indienreisende V. S. Naipaul fühlte sich beim Anblick der bewegungslosen »weißen Bündel« einst an Leichenhallen erinnert. Mich erinnert Naipauls Vergleich jetzt daran, daß ich noch nicht gefrühstückt habe. Flaues Gefühl im Magen – und der Zug nicht da. Ich murmele mißmutig etwas von Übereifer, der nur schade, richte meine Reisetasche zum Sitz her und mache es mir, so gut es geht, auf dem überfüllten Bahnsteig bequem. An der Kante steht ein Barfüßiger und rotzt seinen Morgenschleim auf die Gleise, daneben ein Einarmiger, der sich zu waschen versucht.

S. ist guter Dinge und sagt, der Zug werde sicher bald kommen und dann die verlorene Zeit gewiß aufholen.

Wenn man ein Vierbettabteil bucht, hängt das Gelingen der Fahrt nicht wenig davon ab, wen einem die Platzreservierung als Reisegefährten zuteilt. In unserem Fall könnte man meinen, eine Eheberatungsagentur hätte ihre Finger im Spiel gehabt. Uns gegenüber nehmen eine ältere und eine jüngere Frau Platz – Tante und Nichte, wie sich herausstellt. Die Tante ist in S.'s Alter, die Nichte gehört zur reiferen Jugend – genau wie ich. Leider ist die Jugend jedoch sehr scheu und schüchtern, S. hat sich, wenig hilfreich, in seine Zeitung vertieft, also bleibt es der Tante und mir überlassen, das Eis zu brechen. »Eine Stunde Verspätung«, seufzt sie, als der Zug um 7.10 Uhr endlich anruckt. Ja, die Verspätung! Sie ist lästig, zweifellos, aber als Konversationsgegenstand unter Reisenden ist sie unübertroffen. »Mehr als eine Stunde«, verbessere ich, »schon 65 Minuten.« Dann erzähle ich von meinem Besuch in Bombay und von meinem Ausflug nach Surat – der Industriestadt, die durch den Ausbruch der Pest weltweit bekannt geworden ist. »Ein verslumtes Dreckloch«, spricht der Experte für Krankheitsherde, »ein unbeschreiblicher Ort, wenn man ihn besucht hat, wundert man sich nicht mehr, daß die Seuche von dort gekommen ist.« Hinter den Brillengläsern der Tante blinkert es. Ja, sagt sie, Surat sei ihr bekannt. Sie komme nämlich von dort.

Der Zug fährt bereits zu schnell, als daß man noch abspringen könnte. Mir fällt nichts Besseres ein, als meinen Blick plötzlich ganz angestrengt durch das Abteilfenster zu richten, so als hätte ich draußen etwas höchst Interessantes entdeckt. So richtig überzeugend kann das freilich nicht wirken, denn dieses Fenster eignet sich zum Durchgucken wie Babyfüße fürs Nagelbrett: Was mal Glas war, hat sich in eine gelbliche, trübe, gegen Putzen und Wischen immune Mattscheibe verwandelt, die man – weil dies ein klimatisierter Wagen ist – auch nicht öffnen kann. Wie hatte mir am Tag vorher in Bombay Mister Kambley, PR-Chef der »Central Railway«, vorgeschwärmt? Die Indische Eisenbahn sei gleichsam »das Fenster« Indiens, nichts eigne sich besser, um das Land zu lesen und zu verstehen! Aber gerade jetzt, da ich mit Hilfe dieses Fensters so überaus gern intensiv lesen und verstehen möchte, sehe ich hinter dem Schmierfilm nur undeutliche Bilder vorüberhuschen, vergilbt wie uralte Postkarten. Nein, erkennen läßt sich kaum etwas – oder vielleicht doch? Da zum Beispiel, ist das nicht der schrecklich aufgeregte Dr. Aziz, wie er auf dem Bahnhof von Chandrapore gerade den beiden englischen Ladys, Mrs. Moore und Miss Quested, in den Zug hineinhilft, der sie zu ihrem verhängnisvollen Reiseziel, den Marabar Caves, bringen soll?

Das blinde Fenster taugt nicht für die Aussicht, aber offenbar zum Wachrufen von Erinnerungen – an E. M. Forsters großes Buch »A Passage to India«, aber auch an indische Geschichte und Geschichten, deren Inhalt nur allzuoft von Eisenbahnen, von schnaubenden Dampfrössern, von Expreßzügen mit klingenden Namen befördert oder doch wenigstens am Rande von ihnen berührt wurde. 1947, die britische Kolonialherrschaft endet, der Subkontinent teilt sich in die zwei einander feindlich gesonnenen Nachbarn Indien und

Pakistan. Die Scheidung wird zum Katalysator für Massenhysterie und Massenmord, auf der indischen Seite fallen Hindus und Sikhs über Moslems her, auf der pakistanischen Seite massakrieren Moslem-Mobs Hindus und Sikhs; in zwei Richtungen wälzen sich gewaltige Flüchtlingsströme über die neue Grenze, und es sind Züge, die quer durch dieses Drama rattern – Züge voll mit elenden Flüchtlingen, Züge aber auch als rollende Särge. Der Ausweg aus dem Alptraum scheint für viele der Bahnhof zu sein, per Zug wollen sie sich in Sicherheit bringen, doch gerade die scheinbar rettenden Eisenbahnen sind es, die zu bevorzugten Angriffszielen aufgeputschter, blutrünstiger Horden werden. Horror, wenn solche überfallenen Züge dann ihr Ziel erreichen – wenn frisches Blut unter den Türen durchsickert und in den totenstillen Abteilen die niedergemetzelten Passagiere liegen, als makabrer Gruß zur Unabhängigkeit. Züge sind stets mitgefahren in der jüngeren indischen Geschichte – am prominentesten, wenn sie den Vater der Nation zu transportieren hatten, in einem Abteil der dritten Klasse, versteht sich. Im Eisenbahnmuseum von Delhi hängen alte Schwarzweißfotos von Mohandas Karamchand Gandhi, die ihn zeigen, wie er als kleine, schmächtige Gestalt zufrieden lächelnd eingepfercht ist im Gewühl dieser Billigabteile. Was Gandhi freilich nicht wußte: Die unvermeidlichen Unberührbaren um ihn herum waren nur zum Teil echt. Stets waren einige Sicherheitsleute, als Kastenlose hergerichtet, von der Kongreßpartei zu Gandhis Schutz abgestellt worden – gleichsam als Eskorte auf seinen Zugreisen quer durchs Land.

Geschichte und Geschichten: Längst ist die Eisenbahn Teil der indischen Legende, L. Collins und D. Lapierre erwähnen in ihrem Buch »Um Mitternacht die Freiheit« den *Frontier Mail* und den *Calcutta-Peshawar Express* in einem Satz mit dem *Orient Express* und der *Transsibirischen Eisenbahn*. Die Speisewagen des Maharadschas von Gwalior hingegen wurden nicht berühmt – dabei hätten sie es als Skurrilität durchaus verdient gehabt. Des Maharadschas Leidenschaft war seine Modelleisenbahn, die er in der Banketthalle auf einem riesigen Tisch aufgebaut hatte, an dem er auch seine Besucher bewirtete. Durch Tunnels mit der Küche verbunden und vom Maharadscha am Schaltpult persönlich dirigiert, waren es die fürstlichen Züge, die die Tischgäste bedienten – von der Vorspeise bis zum Dessert. Der Sohn des Maharadschas wurde später – na, was wohl? – indischer Eisenbahnminister.

Gegen Abend sind wir alle gut Freund miteinander – nicht in dem Sinne, wie es sich eine Eheberatungsagentur wünschen würde, aber dafür auf netter, entspannter Gesprächsbasis. Die Tante hat den Fauxpas vom Morgen nicht weiter krummgenommen, und die schöne Nichte ist zusehends aufgetaut. Die Nichte, so stellt sich heraus, ist 23 Jahre alt, lernt Kindergärtnerin und ist verlobt. »I met a guy from Poona,« sagt sie, und das ist sicher besser, als wenn er von Jalgaon käme. Jalgaon nämlich, raunt die Tante, als der Zug die Stadt gerade durchquert, Jalgaon nämlich stehe für einen landesweit bekanntgewordenen Sexskandal. College-Girls, Nacktfotos, Politiker, Erpressung, kurzum: Sodom und Gomorrha. Gut, daß wir da nicht halten.

Mangels eines brauchbaren Fensters im Abteil

stelle ich mich zwischendurch immer mal an die offene Tür. Das Land bietet sich weit, offen und in warmen Farbtönen dar. Indien mag vor Menschen und immer mehr Menschen schier überfließen – entlang der Strecke wirkt es fast leer, und das hat etwas Tröstliches. Wir halten an überfüllten Bahnhöfen mit Namen wie Igatpuri oder Bhusawal, wo es nach Fäkalien riecht, nach scharfem Curry oder auch mal verlockend nach Schmalzgebackenem, das in dampfenden Tiegeln schmurgelt. Kühe sieht man, die gemächlich über den Bahnsteig schlendern und vom Boden aufschlecken, was beim Handel zwischen Verkäufern und Passagieren an Müll anfällt. S. führt Buch über die zunehmende Verspätung, aber er ist sicher, daß der Zug während der Nacht alles aufholen wird.

Später kriegen wir Besuch aus den Nachbarabteilen, Geschäftsleute meist. Ein stämmiger Schnauzbart mit lauter Stimme befindet sich darunter, der im Auftrag einer Textilfirma aus Surat auf dem Weg nach Kalkutta ist, wo er Kontakte anbahnen und bei säumigen Geschäftspartnern Gelder eintreiben soll. Dann ist da ein stiller, zurückhaltender Typ, ein Geschäftsmann auch er, und schließlich noch ein junger Bursche, der in Bombay einen Managementkurs gemacht hat und jetzt zum Familienunternehmen nach Raipur zurückkehrt. Der Junge wirft verstohlene Blicke auf die Nichte, der Schnauzbärtige hingegen hält große Reden – und redet dabei sich und Indien in Grund und Boden. »We have no brains« – wir haben keinen Verstand, wir schaffen es nicht, über den Tellerrand hinauszugucken, wir haben keinen Sinn für Qualität ... So geht es in einem fort, doch so zerknirscht, wie man bei der Selbstgeißelung vermuten möchte, wirkt er gar nicht. Das Ganze ist – wie mir S. später erklärt – wohl mehr ein altgewohntes Ritual des Dampfablassens, ohne Auswirkung auf den Alltag. »... und so viel Korruption überall, schrecklich!« »Ja«, pflichtet die Tante bei, die das für eine ernstgemeinte Klage hält, »es geht wirklich zu weit.« Doch der Stille und der Schnauzbärtige grinsen nur über den Einwurf der *auntie*, wie sie sie nennen. »Für Geld kriegst du alles«, sagt der eine mit Blick auf mich; »und zwar ganz offiziell«, lacht der andere. Sie sprechen aus Erfahrung. Korruption ist Teil ihres Lebens und der Abscheu davor nur Gerede – *small talk* auf einer langen Zugreise.

Der angehende Manager nimmt an dem Gespräch nur halbherzig teil, immer wieder beäugt er heimlich die Nichte, die auf einem der beiden oberen Betten lagert und stumm, aber aufmerksam zuhört. »Wo fahren Sie eigentlich hin?« fragt er jetzt in eine Gesprächspause hinein. Die Frage gilt aber nicht der Nichte, sondern uns. »Ah, Kalkutta«, sagt er genießerisch, so als hätten wir uns einen ganz besonderen Leckerbissen als Reiseziel ausgesucht, »die dreckigste Stadt der Welt!«

Irgendwann gegen Mitternacht sind wir in Nagpur, ich gehe draußen auf dem spärlich erleuchteten Bahnsteig ein bißchen spazieren. Die Verspätung beläuft sich jetzt schon auf knapp vier Stunden. Ein Mitreisender sagt, er befahre die Strecke Bombay–Kalkutta seit 1981 regelmäßig – aber er könne sich nicht erinnern, jemals pünktlich angekommen zu sein. Als ich ins Abteil zurückkehre, schlafen bereits alle. Der gute S. hat mir das untere Bett übriggelassen – aus Freundlichkeit. Vom Indienreisenden V. S. Naipaul wissen wir nämlich nicht nur, wie es in Bahnhofshallen aussieht, sondern auch, daß Inder in Schlafwagen die untere Koje bevorzugen, weil nämlich das Besteigen der oberen eine physische Anstrengung bedeutet – »und physische Anstrengungen sind als Erniedrigung zu vermeiden«.

Ich schlafe überall gut, aber in Zügen ganz besonders gut. Während ich noch darüber nachdenke, wie schnell unser *Gitanjali Express* (gesprochen: Gitanscheli) wohl rasen müßte, um – wie von S. angekündigt – die vierstündige Verspätung in der Nacht aufzuholen, bin ich auch schon eingeschlafen. Jeden Tag vertrauen sich mehr als zehn Millionen Passagiere den »Indian Railways« (IR) an, die mit 62.000 Streckenkilometern, über siebentausend Stationen, 7806 Lokomotiven, fast vierzigtausend Personenwagen, 340.000 Güterwagen und 1,6 Millionen Angestellten eines der größten Eisenbahnsysteme der Welt darstellen. Wer sich fragt, warum dieses Riesenland mit einer Bevölkerungszahl, die von einer Milliarde nicht mehr allzuweit entfernt ist, bei allem Chaos letztlich doch funktioniert, der findet bei »Indian Railways« eine Antwort. Das dichte Schienennetz hat Distanzen schrumpfen lassen, hat Austausch und Mobilität ermöglicht, hat einander fremde Regionen und Ethnien näher zusammengebracht und so geholfen, die starken zentrifugalen Kräfte abzubremsen. Dank der Bahn, sagt Dr. Bandyopadhyay vom IR-Hauptquartier in Delhi, habe so etwas wie eine »emotionale Integration« stattgefunden, sei ein »Gefühl von Einheit« entstanden. Als billigste Form des Transports sei die Eisenbahn zum Bestandteil des alltäglichen Lebens – wenn nicht gar der »indischen Psyche« geworden.

Was würde passieren, wenn es die normalerweise jeden Tag verkehrenden siebentausend Personen- und tausend Güterzüge von morgen an nicht mehr gäbe? Der Mann von der Bahn zählt auf: »Es käme zu einer völligen Lähmung, zu Engpässen in der Wirtschaft, zu einem Stop der industriellen Entwicklung, zu Lebensmittelknappheit und wahrscheinlich zu Hungersnöten.« Gewiß, da ist auch noch der Straßenverkehr, doch der ist jetzt schon lebensgefährlich, und so mag denn stimmen, was Mister Kambley von der »Central Railway« in Bombay sagt: »Wenn die Eisenbahn nicht existiert, kann auch Indien nicht existieren.« Man muß Kolonialisten nicht preisen, und natürlich hatten auch die britischen Kolonialherren in Indien nicht etwa uneigennützige Motive, als sie am 16. April 1853 mit dem ersten Zug zwischen Bombay und Thane das Schienenzeitalter eröffneten. Aber das ändert nichts daran, daß es eine phantastische Erbschaft war, die Indien 1947 antrat – phantastisch auch in ihren Äußerlichkeiten. Der mehr als hundert Jahre alte »Victoria Terminus« zum Beispiel gilt als eines der prachtvollsten Bahnhofsgebäude in der Welt und ist sicherlich das auffälligste in Bombay. Es wirkt wie eine Mischung aus mittelalterlicher Festung und gotischer Kathedrale.

Aber die Inder haben nicht nur geerbt, sie haben die britische Hinterlassenschaft auch genutzt und weiterentwickelt. Seitdem sie die Bahn in eigener Regie betreiben, hat sich der Personenverkehr mehr als vervierfacht und der Güterverkehr nahezu versechsfacht. Doch dieses Wachstum hat nicht gereicht, die Nachfrage zu decken. Weil es an Geld fehlt und weil die Herstellerfirmen mit der Produktion nicht nachkommen, entspricht die Zahl der Personenwagen auch nicht annähernd dem Bedarf. Überfüllung ist ein ständiges Problem, die großen Züge sind oft wochenlang ausgebucht. Tante und Nichte, die zu einer Hochzeit nach Kalkutta reisen, mußten lange bangen, ehe klar war, daß sie im gewünschten Zug auch wirklich Platz bekommen würden. Der Schnauzbärtige hingegen sagt, er habe sein Ticket erst gestern gekauft und anstandslos bekommen – gegen eine hübsche Bestechungssumme.

Es ist zehn Uhr morgens, als ich aufwache. Wir sind nun schon im östlichen Bundesstaat Orissa, das heißt, daß der größte Teil der 1969 Kilometer langen Strecke zwischen Bombay und Kalkutta, also zwischen der westlichen und der östlichen Kante des Subkontinents, zurückgelegt ist. 1969 Kilometer: Das ist ungefähr so weit wie von Mailand nach Moskau. Unsere ist die beste Klasse, nicht die erste, die führt der *Gitanjali Express* nicht, aber die bequeme, klimatisierte zweite – und doch kostet die Fahrt nicht mehr als umgerechnet 63 Mark. In einem unklimatisierten Sechserabteil zahlt man gar nur 15 Mark. Selbst für zwölf Mark kann man reisen, doch dafür muß man sich in eines jener Abteile zwängen, die Rudyard Kipling »Schindluder-Kupee« oder »Letzte-Klasse-Wagen« zu nennen pflegte. Darin zu reisen, schrieb er, sei »eine scheußliche Angelegenheit«. Kipling hat noch die Zeiten erlebt, als es in den indischen Zügen keine Toiletten gab und die entsprechenden Geschäfte im Herauslehnen verrichtet werden mußten. Andererseits waren das, bahnmäßig gesehen, die romantischen, alten Zeiten, als die Lokomotiven noch »Fairy Queen« hießen, als die Züge

– puffpuffpuff – gemütlich durchs Land zuckelten und die Maharadschas ihre eigenen Eisenbahnen betrieben – mit holzvertäfelten »Saloon Cars«, Veranda am einen, Dienstbotenabteil am anderen Ende. Heute gibt es Züge, die fahren bis zu 140 Kilometer die Stunde, und was die Dampflokomotiven betrifft, so geht deren Ära unweigerlich zu Ende: Im Jahr 2000 sollen die letzten verschrottet sein.

Romantik? Schon in den sechziger Jahren fand Naipaul, daß die Romantik der indischen Eisenbahn lediglich eine »Abstraktion« sei: Es sei nur die Distanz oder das Wissen um die Distanz, das den Ortsnamen auf den gelben Schildern an den Eisenbahnwagen Romantik verleihe. Aber Naipaul schreibt auch von einer »gewaltigen Institution« und von einem Dienstleistungsunternehmen, »so ausgezeichnet und komplex«, daß es eigentlich ein reicheres Land verdienen würde. Zumindest eines, dessen Bevölkerung die Bahnlinien nicht dazu mißbraucht, an ihnen entlang ihre Notdurft zu verrichten. Inder entleeren ihre Därme überall, vor allem aber neben den Schienensträngen, dort, wo im Umkreis der großen Städte die Armensiedlungen wuchern. In Delhi soll mit dieser Gewohnheit jetzt aber aufgeräumt werden – so zumindest hat es Madan Lal Khurana, der Chief Minister, angekündigt. Der empfindet es nämlich als »eine Schande«, daß Besucher der Hauptstadt, die mit der Bahn anreisen, »jeden Morgen durch den Anblick von Hunderten von Scheißenden auf beiden Seiten der Gleise begrüßt werden«.

Der zukünftige Manager hat uns über Nacht verlassen. Wenn er den Vorhang zum Abteil beiseite geschoben haben sollte, um einen letzten

Blick auf die Nichte zu werfen, dann hat er eine Art Mumie gesehen – eine von Kopf bis Fuß ins Bettuch eingewickelte Gestalt. (Es ist dies übrigens eine Perle von Insider-Information, denn über die Schlafgewohnheiten indischer Nichten ist bisher erst sehr wenig bekannt). Den Platz des Möchtegern-Liebhabers hat dafür ein Mann eingenommen, der dadurch auffällt, daß ihm im Gegensatz zu unsereinem das schmuddelige Innere des Wagens offenbar nichts anzuhaben vermag. Nicht nur, daß er blütenweiße Hosen und – noch sensationeller – saubere, frische, hellbraune Socken trägt, er besticht auch durch seinen Ordnungssinn. Er hat ein aufblasbares Kopfkissen dabei, das er nach einem längeren Vormittagsschlaf sorgfältig in einer Tasche verstaut, in der alles griffbereit zu sein scheint. Den Bronchialschleim, den er von Zeit zu Zeit hochhustet, entsorgt er, indem er jedesmal am Ende des Wagens in der Toilette verschwindet.

16.30 Uhr: Ein Ort namens Kharagpur. Das ist immerhin schon Westbengalen, aber noch längst nicht Kalkutta, wo wir eigentlich schon vor einer Stunde hätten eintreffen sollen. Die Aufholjagd also hat nicht stattgefunden, doch das Schönste ist: Es macht offenbar niemandem etwas aus. Keiner flucht, keiner traktiert den Schaffner mit Verwünschungen, niemand klagt, lebenswichtige Termine zu verpassen. Die Hochzeit, zu der Tante und Cousine eingeladen sind, findet erst am nächsten Tag statt. »Funktionierende Anarchie« hat der ehemalige US-Botschafter in Indien, Kenneth Galbraith, das Eisenbahnfahren in diesem Land einmal genannt – und dabei offenbar die Betonung auf das Wort »funktionieren« gelegt. 1969 Kilometer, einmal quer durch Indien, ohne Unfall, in recht großer Bequemlichkeit und in netter Begleitung – was spielt es da noch für eine Rolle, ob man vier Stunden eher oder später ankommt? Es gibt Eisenbahnstrecken in Indien, die sind noch weit länger als die zwischen Bombay und Kalkutta. Der *Himsagar Express*, der das Land der Länge nach vom äußersten Norden bis zur Südspitze nach Kanyakumari durchmißt, legt dabei 3751 Kilometer zurück – und auch das klappt. Meistens.

Bengalische Reisfelder unter verhangenem, grauen Himmel. Dann wird es zum zweitenmal auf dieser Reise dunkel, doch hie und da sieht man Lichterketten leuchten. Ach ja, heute ist ja Diwali, das Lichterfest zu Ehren der Glücksgöttin Lakschmi. Schließlich die Außenbezirke Kalkuttas, so hell erleuchtet wie sonst nie. Was eine Birne ist und Strom hat, muß heute abend leuchten. »Endlich«, sagt die Nichte, die die letzten Stunden verschlafen hat und gerade aufgewacht ist, »endlich geht unsere lange Reise zu Ende.« Nach gut 36 Stunden. Wir tauschen Adressen aus, der Zug bremst, dann sind auch schon die Gepäckträger im Wagen, bye bye, und hinein geht es in den warmen, stickigen Riesenrachen, der Kalkutta heißt. Die Luft ist schwer von Pulverdampf – wie nach einer Schlacht. Aber schuld sind nur die Raketen, die für die Glücksgöttin abgefeuert werden.

Dezember 1995

Kardamom, Zimt und der Geruch von Gewalt

»Die Menschen hier werden nicht vergessen, was ihnen von den Indern angetan wird«

Ein verwunschener Garten, ein betagtes kaschmirisches Holzhaus und darin ein alter Mann mit einem langen, grauen Bart. Er sagt: »Ich liebe Indien.« Von Polstern und Kissen abgestützt, so liegt der Alte auf einem breiten, traditionellen Bett. Seine Haut ist wie aus weißem Wachs. Es geht ihm nicht sehr gut, schon seit über einem Jahr. Die letzten Sonnenstrahlen betasten die Bücherwand am Fenster. Neben dem Bett ein Notenständer. Der alte Mann spielt Geige und Bratsche, manchmal gibt er Unterricht. Ein Musiker und Mathematiker in seiner verstaubten Klause, ein kaschmirischer Intellektueller, der seinen Gedanken nachhängt. Niemand in Kaschmir liebt Indien, jeder ist voller Haß auf die indischen Besatzungstruppen – und hier nun sieht einer alles ganz anders?

Die Liebe des Alten ist zutiefst unglücklicher Natur. Sie gilt dem alten, säkularen Indien mit seinem reichen kulturellen Erbe. Vieles sieht er bedroht, manches zerstört, und was das Verhältnis der Kaschmiris zu Indien betrifft, so konstatiert er »totale Entfremdung« und sagt bedächtig: »Die Menschen hier werden nicht vergessen, was ihnen von den Indern angetan wird.« Als besonders frevelhaft rechnet er ihnen an, daß sie in den Kaschmiris etwas geweckt hätten, das ihrem Charakter völlig widerspreche. Gewaltbereitschaft sei stets gegen ihre Natur gewesen – er habe als Kind gar nicht gewußt, was das ist, ein Mord. Heute aber gebe es gar keine andere Wahl mehr, als sich mit Gewalt gegen einen Unterdrücker zur Wehr zu setzen, von dem der Alte allen Ernstes glaubt, daß er in Kaschmir systematisch Vernichtungspolitik betreibt. Seinem geliebten Indien unterstellt er, daß es sich Quoten gesetzt hat – bei der Ausrottung junger Kaschmiris.

Geschäfte, Autos, Pferdekarren, fliegende Händler – die Nallamar Road zieht sich durch das alte Basarviertel Srinagars. Hier arbeiten und leben die Menschen dicht an dicht, früher als anderswo in Kaschmir ist hier der Ruf nach Selbstbestimmung, nach Befreiung von indischer Vorherrschaft laut geworden. Es ist eine Gegend, wo der Handel gedeiht, aber auch Militanz – zu erkennen an der Art und Weise, wie die Inder die Nallamar Road verändert haben. Sie haben die Straße befestigt wie einen Frontabschnitt. Auf anderthalb Kilometern stehen 13 Bunker. Bollwerke aus Sandsäcken sind das, spinnwebenartig überzogen von Netzen zum Schutz vor Handgranaten. Aus den Schießscharten in den Sandsackmauern staken Gewehrläufe. Wer von den Soldaten aus der Deckung auf die Straße zur Patrouille muß, trägt schußsichere Weste, Helm und Gewehr im Anschlag.

Die Kladden sind alt und abgegriffen, aber Kurshid hält die Gästebücher in Ehren, denn sie sind Zeugen nicht nur der eigenen Familiengeschichte, sondern auch einer bis in die Kolonialzeit zurückreichenden Tradition der Gastfreundschaft. Schon die Engländer haben auf den Hausbooten dieser Familie Ferien gemacht – wie jener Offizier vom 84. Regiment der Punjabis, der am

10. Mai 1911 in steifer Schrift Kurshids Großvater bestätigte, daß er sich »in jeder Hinsicht als guter Diener erwiesen« habe. Später werden die Eintragungen blumiger. Vom »honeymooner's paradise« ist da die Rede und davon, daß man auf diesem Hausboot »gar nicht anders als glücklich sein kann«. Anfang der neunziger Jahre ändert sich der Ton erneut. Die Gäste schreiben von Haß und Gewalt und wünschen Kaschmir baldige Rückkehr zu Ruhe und Frieden.

Dann aber hören auch diese beklommenen Situationsberichte auf, denn die Gäste bleiben weg. Im ganzen letzten Jahr haben sich nur sechs Besucher ins Gästebuch eingetragen, auch in diesem Jahr sind es nicht mehr. Früher, in den guten alten Zeiten hatte Kurshid auf seinen zwei Hausbooten oft über hundert Gäste im Jahr, und manchmal hat er sogar im Salon zwischen dem kunstvoll geschnitzten Mobiliar aus Walnußholz Matratzen ausgerollt – so groß war der Andrang. Vorbei, vorbei: Die holzgetäfelten und mit kaschmirischen Teppichen ausgelegten Gästezimmer stehen leer, und Kurshid benutzt das Wort »zermalmen«, um zu beschreiben, wie er sich fühlt als kleines Opfer zwischen den großen Mahlsteinen, die in Kaschmir aneinanderreiben – dem Militär und den Separatisten. Gerade ist der Bruder zu Besuch, der jüngere Bruder Bashir, der 1987 nach Neuseeland ausgewandert ist. Damals stand der Tourismus noch in schönster Blüte. Was er jetzt, acht Jahre später, bei seinem ersten Wiedersehen mit dem Kaschmirtal und dessen Sommerhauptstadt Srinagar vorfinde, sei »zum Heulen«, findet Bashir. Dabei kennt er das Schlimmste nur aus Erzählungen. Zum Beispiel die Geschichte von seinem Bruder, den das indische Militär unter dem Standardvorwurf, er sei ein Militanter, 1990 gegriffen und wochenlang mißhandelt hat. Elektroschocks und Prügel mit Bambusstöcken mußte er ertragen und einen Monat lang völlige Finsternis. So lange waren ihm die Augen verbunden.

Wir sitzen bei Kerzenschein im Salon, der Strom ist wieder mal weg. Über dem schwarzen Dal-See wölbt sich sternenklar der Himmel. Romantische Gefühle könnte man haben, wären die Geschichten nicht so traurig. Von der Haft hat Kurshid ein Augenleiden zurückbehalten – und jede Menge Bitterkeit. Den alten Wunden in der Seele sind neue hinzugefügt worden, schlimmere vielleicht. Im letzten Jahr haben sie seinen Sohn geholt. Einen Schüler, eben erst 16 Jahre alt. 13 Monate haben sie ihn behalten, was das heißt, ist von Amnesty und anderen Menschenrechtsorganisationen dokumentiert worden. Der Vater sagt nur, der Junge sei »sehr schlimm gefoltert« worden.

Stadtteil Wazirbagh. Das schummrige Treppenhaus führt ins Obergeschoß, wo man auf wackeligen Holzbohlen durch einen engen Korridor in eine Dachkammer gelangt. Die Holztür knarrt – dahinter kann ja eigentlich nur ein großer Haufen Gerümpel sein. So denkt man, aber dann ist es doch das Büro des Computerexperten, den man uns zwecks Lösung eines kleinen technischen Problems empfohlen hat. Ashik ist ein freundlicher junger Mann, der sich hier mit seinem Computer *made in India* so gut es geht eingerichtet hat. Am Know-how fehlt es nicht, aber am Strom. Im Winter sei es am schlimmsten – »da haben wir höchstens drei bis vier Stunden Strom am Tag«. Ein Tee wird gereicht, duftender kaschmirischer Tee mit Kardamom, Zimt und Ingwer, und auf einmal ist da ein halbes Dutzend junger Leute, die erst zögernd, dann ziemlich offen reden.

Zum Beispiel Reyaz, 27 Jahre, Ingenieur, arbeitslos. Gestern war er mit anderen arbeitslosen Ingenieuren auf einer Demo, einer friedlichen Demo, wie er betont. Sie hätten nur auf ihr Problem aufmerksam machen wollen, doch seien sie von der Polizei mit Tränengas und Stockhieben auseinandergetrieben worden. Oder Khaliq, 38 Jahre, Geschäftsmann. Die Wirtschaft sei zerstört, der Tourismus tot, die Arbeitslosigkeit enorm. »Wir haben den Krieg satt«, kommt es wie ein Stoßseufzer, und alle nicken. Wir haben den Krieg satt, hatte kurz zuvor auch der Teppichhändler Ibrahim gesagt, so könne es nicht weitergehen. Die Verwaltung sei gelähmt, weil niemand mit den indischen Besatzern zusammenarbeiten wolle. Auf die Telefonleitungen sei, obwohl er die Beamten dauernd schmiere, kein Verlaß, auf die Post ebensowenig, und die medizinische Versorgung sei so katastrophal wie in Afrika.

Und die Geschäfte? Ibrahim hat früher zehn Teppiche am Tag verkauft, heute sind es höchstens fünf pro Monat. Kaschmirische Teppichknüpfer gelten nach den persischen und türkischen als die drittbesten in der Welt. Von den hunderttausend Menschen, die das Handwerk einst ernährt hat, sind vierzigtausend ohne Lohn und Brot, sagt Ibrahim, der nur einen Wunsch hat: Frieden. Er will nicht mehr eingequetscht sein »wie zwischen zwei Sandwichhälften« – zwischen den Gewehren der Militärs und den erpresserischen Forderungen der Militanten, die auf Geld und Unterstützung bestehen. Es müsse Schluß sein mit dem Krieg, sagen auch die Männer in Ashiks Büro, und wäre Indien nur ein bißchen entgegenkommender, könnte man sich vielleicht irgendwie arrangieren. Schließlich, sagt Khaliq träumerisch, sei Indien ein gewaltiger Markt. Ashik schweigt. Für ihn wird Indien wohl auf ewig verknüpft sein mit der Erinnerung an vier Monate Haft und Folter – »Folter dritten Grades«, wie er sagt, also besonders grausam. Das Vergehen? Man hielt ihn, den Computerexperten, für den Kommunikationschef einer Widerstandsgruppe. Es war ein Irrtum. Nur ein kleiner Irrtum.

Lalded war der Name einer berühmten kaschmirischen Dichterin. Heute trägt diesen Namen die einzige Entbindungsanstalt in Srinagar. Schmuddelig, überfüllt wie ein indischer Bahnhof, aber ohne das Personal, um mit der Menschenflut fertigzuwerden – das ist das Lalded Hospital. Von einst zweihundert Ärzten sind weniger als dreißig übrig. Es gibt fünfhundert Betten, aber über tausend Patienten. Und es gibt Nächte wie jene, an die sich die Chefgynäkologin mit Grausen erinnert. 52 Geburten, 21 Kaiserschnitte, 135 Neuaufnahmen – aber nur zwei Ärzte und drei Schwestern. Weil das Leben in Kaschmir von Kämpfen, Razzien, Streiks und Ausgangssperren bestimmt wird, kommen die Frauen häufig zu spät und mit Komplikationen. Von den achtzig Babys, die hier jeden Tag geboren werden, müssen bis zu zwanzig per Kaiserschnitt auf die Welt geholt werden. Fünf bis sechs sterben.

Und dann die *crackdowns*. Jeder Kaschmiri kennt sie, diese Razzien, wenn ein Wohngebiet plötzlich abgesperrt wird, wenn die Leute aus ihren Häusern geholt und an den schwarz vermummten Denunzianten, den »Cats«, vorbeigeführt werden, die es in der Hand haben, einen Unschuldigen als vermeintlichen Militanten oder Sympathisanten den Folterknechten auszuliefern. Von *crackdown* bleibt nichts und niemand verschont – auch die Hospitäler nicht. Das Lalded Hospital hat allein in diesem Jahr über dreißig durchgemacht. Noch nicht mal der Kreißsaal, empört sich ein Arzt, sei tabu für die Soldaten. Aber auch ein *crackdowns* irgendwo anders in der Stadt wirkt sich auf das Krankenhaus aus – weil das Personal nicht zur Arbeit kommen kann.

Die Ärzte im Lalded Hospital wirken entmutigt. Viele sind schier überwältigt von den täglichen Schwierigkeiten, die auch darin bestehen, daß man selbst hier im Krankenhaus zwischen die Fronten geraten kann. Wer sich um die Frauen von Militanten kümmert, riskiert Ärger mit dem Militär, wer sie ignoriert, riskiert Ärger mit den Militanten. Da sind sie wieder – die Mahlsteine des Hausbootsbesitzers Kurshid, die Sandwichhälften des Teppichhändlers Ibrahim. Zerrieben werden sie, die Kaschmiris, eingezwängt, nur frei entfalten sollen sie sich offenbar nicht – noch nicht mal die Säuglinge. Es gibt keinen einzigen Inkubator im Lalded Hospital, keine Intensivstation. Wer zu früh auf die Welt kommt, hat keine Chance. Und auch die anderen gehen mangels medizinisch einwandfreier Pflege mit einem Handicap ins Leben. »Was wir hier produzieren«, sagt ein Arzt resigniert, »ist eine geistig retardierte Generation.«

September 1995

Feuer im Reich der sieben Schwestern

Indiens vergessener Nordosten

Dr. Goswami und seine Frau reden viel. Sie reden vor allem von der Isolation, die sie empfinden. Wir sitzen im Club von Tezpur, einem kleinen Städtchen am Nordufer des Brahmaputra in Assam, dem Bergland im äußersten Nordosten Indiens. Der Club von Tezpur ist einst von englischen Teepflanzern gegründet worden. Aus den kolonialen Zeiten stammt das Klavier mit den welken Tasten. Die Moskitos sind jüngeren Datums. Der Arzt Dr. Goswami ordert Whisky und Rum. »Wissen Sie«, sagt er und lächelt traurig, »wir fühlen uns hier nicht wie im Nordosten, sondern wie im Fernen Osten.« Nicht mal das staatliche indische Fernsehen reicht bis hierher. Das Gerät im Club produziert außer Lärm nur konturenschwaches Geflimmer.

Zu 99,5 Prozent von internationalen Grenzen umgeben, ist Indiens Nordosten lediglich durch eine dünne Nabelschnur mit dem Kernland verbunden. Offenbar im Gefühl völliger Abgeschiedenheit hat Dr. Goswami eine Visitenkarte entworfen, die sämtliche Stationen seines akademischen Werdegangs einzeln und an prominenter Stelle aufführt: Edinburgh, Glasgow, London, New York. Etwas verschämt am Rand steht Tezpur – die Endstation. Das Ende der Welt. Früher, als man noch auf direktem Wege reisen konnte, war die Metropole Kalkutta in einer Nachtfahrt mit dem Zug erreichbar. Heute muß man um Bangladesch herum, und das, sagen die Goswamis, sei eine umständliche Reise von mehr als dreißig Stunden. Und wer von Kalkutta die Reise hierher macht, landet in einer Gegend, die zu einer der neuen Kriegsregionen Asiens werden könnte.

Imphal, die Hauptstadt Manipurs, hat keinen Strom. Ein finsteres Haus, eine Treppe im Rohbau und an ihrem Ende ein kahles Zimmer, in dem ein paar Männer zusammenhocken. Sie tragen Jacken, denn es ist unangenehm kalt. Es sind Menschenrechtler, die sich getroffen haben – ein Arzt, ein Student, Rechtsanwälte. Einer ist dabei, dessen hohe Wangenknochen und schmale Lidspalten hier nicht auffallen, denn mongolide Gesichtszüge haben sie alle. Er ist Anwalt geworden, aber die Demütigungen seiner Studentenzeit in Delhi hat er nicht vergessen. »Chinki« haben sie ihn damals genannt. Das ist das Schimpfwort für Chinesen. Wenn er jetzt von den Indern spricht, sagt er »Mayang«. Das ist das manipurische Wort für »Fremder«. Das Wort trifft es, denn fremd ist man sich in der Tat. Natürlich ist Manipur indisch, aber genau wie in den anderen sechs Bundesländern in Indiens Nordosten – Meghalaya, Tripura, Mizoram, Nagaland, Arunachal Pradesh und Assam – existiert man dort jenseits des nationalen Bewußtseins.

Wer zum Beispiel indische Geschichtsbücher liest, würde kaum darauf kommen, daß es den Nordosten überhaupt gibt. Nur das Echo der militanten Gruppen, die der Nordosten in großer Zahl hervorgebracht hat, dringt manchmal heraus aus dem Kokon der Vergessenheit – aber selbst das nur sehr selten. Dabei lebt Indiens Nordosten in ständigem Aufruhr. Unter seinen mehr als hundert Völkern und Stämmen gärt und rumort es. Gerade hast du in den Dörfern von Meghalaya fromme Stammesfrauen mit der Bibel unter dem Arm zum Gottesdienst gehen sehen, hast am Straßenrand dem Wind zugehört, wie er von irgendwoher Kirchengesang über die Berge trägt – da erfährst du, daß in der Hauptstadt Shillong soeben eine Bombe ein Restaurant zerfetzt hat. Oder Assam: Berauschend das Bild des mächtigen Brahmaputra, aber das Land, durch das er fließt, blutet und brennt. Großfeuer nach Bombenanschlag auf eine Öl-Pipeline. Schüsse bei einer Hochzeitsfeier – neun Tote. Nachrichten von zwei Tagen.

Es war die Aufteilung des Subkontinents 1947, die den Nordosten ins Abseits geraten ließ. Auf einmal war da ein neuer Staat namens Ostpakistan (später Bangladesch), und plötzlich fand sich die Region – so der indische Landeskenner George Verghese – »an der Peripherie der Peripherie« wieder, abgeschnitten vom Meer und von ihren traditionellen Märkten und Verkehrsverbindungen. Ohnehin Außenseiter in der indischen Völkerfamilie, weil sie als Mongolide aussehen wie die Nachbarn in Birma oder China, waren die Menschen im Nordosten nun auch räumlich abgehängt, waren gleichsam aus der gemeinsamen Wohnung verdrängt worden in den Hinterhof.

Eine einsame Teeplantage an der Grenze zu Bhutan. Ein alter englischer Bungalow, im Garten ein Bunker aus Sandsäcken. Billy Singh, der Manager, hat viele Feinde: den Regen, die Militanten, die hundsmiserablen Straßen. Der nächste Nachbar ist zwölf Kilometer, aber 45 Minuten Autofahrt entfernt – der Weg erlaubt nur Kriechtempo.

Noch schlimmer ist es in der Monsunzeit, wenn sich die Regenfluten über das Land ergießen, wenn Brücken weggerissen und aus Straßen schlammige Flüsse werden. Billy muß dann wirklich kämpfen, um seinen Tee abtransportiert zu bekommen. Dazu die ständige Unsicherheit. Billy Singh kann sich an den letzten Entführungsfall gut erinnern, denn das Opfer war ein guter Freund. Zwei Tage vorher hatten sie sich noch zum Essen getroffen. Der Freund, auch er Manager einer Teeplantage, arbeitet für eine kleine Firma, die sich Sicherheitsvorkehrungen nicht leisten, das Risiko also nicht mindern kann. Billy Singh hat es da ein bißchen besser. Sein Arbeitgeber ist »Williamson Magor«. Das ist eine der größten indischen Teegesellschaften, die in Assam 53 Plantagen besitzt. Zum Schutz ihrer Angestellten vor den Militanten hat sie eine eigene Sicherheitstruppe aufgestellt. Seitdem hat Billy zwanzig bestens bewaffnete Beschützer auf dem Gelände. Stets begleitet sein Auto eine Eskorte.

Hinter Aufruhr und Gewalt steckt die Suche nach Identität und Eigenständigkeit – und die Angst vor Überfremdung. Letztere hat ihre Wurzeln in der Kolonialzeit, als die Briten zur Verwaltung von Assam, ihrer neuesten Errungenschaft, Bengalen entsandten und so einen gewaltigen, bis heute anhaltenden Zustrom auslösten. Assam, damals neben den beiden kleinen Fürstentümern Tripura und Manipur der alles beherrschende große Staat im Nordosten, reagierte mit einer chauvinistischen Aufwallung, erklärte Assamesisch zur Staatssprache – und stieß damit die Minderheiten vor den Kopf. Folge: Groß-Assam zerbrach, aus drei Bundesländern wurden sieben. Die sogenannten »sieben Schwestern« waren geboren. Die Fragmentierung des Nordostens hat viele Stämme erst auf den Geschmack gebracht: Wenn die Nagas ihr Nagaland, die Mizos ihr Mizoram haben, warum dann nicht auch die Karbis, die Kukis oder die Boros? Ein Faß war aufgemacht worden, und nun entdeckte man, daß es bodenlos war. Ob für Autonomie, für ein eigenes Bundesland oder gar für Unabhängigkeit gekämpft wird, ob es sich um echte Bewegungen handelt oder um falsche, die New Delhi ins Feld geschickt hat, um Verwirrung zu stiften oder gefährlich gewordene Gruppen zu neutralisieren – Tatsache ist, daß es nirgendwo in der Welt eine solche Dichte von Rebellenorganisationen gibt wie in Indiens Nordosten. Es sind mehr als drei Dutzend.

Als hätte eine Riesenfaust dreingeschlagen: Unvermittelt bricht das Hochland steil ab zu einer von vielen Wassern durchsetzten, schier endlosen Ebene. Cherrapunji im Bundesland Meghalaya ist ein bißchen berühmt, weil es mit einer jährlichen Regenmenge von 26.461 Millimetern als nassester Flecken auf Erden Eingang ins *Guinness Book of Records* gefunden hat. In der Trockenzeit freilich ist es ein ziemlich schäbiger, langweiliger Ort, an dem nichts weiter bemerkenswert ist – außer dem Blick. Das also ist in ihrer ganzen Weite diese Fläche namens Bangladesch, die sich eigentlich biegen müßte unter der Last der Menschen, während es hier oben immer noch viel Platz gibt, bebaubares Land und Jobs. Kein Wunder, daß sich die Bengalen dort unten magisch angezogen fühlen von Indiens Nordosten. Bei Tag und bei Nacht kommen sie über die geschlossene Grenze – heimlich gefördert von Politikern und Unternehmern, die die illegalen Einwanderer als verläßliches Stimmvieh und als billige Arbeiter schätzen, gehaßt aber von der großen Mehrheit der Einheimischen, die fürchten, in dieser Fremdenflut zu ersaufen.

Für die Militanten ist das natürlich Öl auf deren Feuer, denn bei kaum einem Thema können sie so sicher sein, den Nerv der Bevölkerung zu treffen. In Assam zum Beispiel kann man besuchen, wen man will: Wie einer geheimen Absprache folgend, kommen die Gesprächspartner alsbald auf die Gefahren der Überfremdung zu sprechen. Daß es keine offiziellen Zahlen gibt, macht überhaupt nichts, denn jeder hat seine eigenen. Von drei Millionen Fremden redet der Anwalt Devakanta Kakati, von 4,5 Millionen der Chefredakteur der Tageszeitung *Sentinel*, D. N. Bezboruah, und dessen Kollege Ajit Kumar Bhuyan vom Wochenblatt *Sadin* befürchtet gar, daß in Assam mit seinen 24 Millionen Menschen die Assamesen schon in der Minderheit sein könnten. »Für uns«, sagt er, »geht es ums Überleben.« Daß die bengalischen Moslems nicht nur längst in den Wahlregistern stehen, sondern in mehr als vierzig von 126 Wahlkreisen angeblich schon stimmentscheidend sind, läßt einen Mann wie Bhuyan »Deportationen« fordern. Er macht kein Hehl daraus, daß er sich als Nationalist empfindet, der die Existenz des assamesischen Volkes gefährdet sieht – und zwar auch durch das, was er als »internen Kolonialismus« der Regierung in Delhi empfindet. Assam ist ja reich, hat Bodenschätze wie Öl und Kohle, hat Tee und Edelhölzer – doch diese Ressourcen, sagt Bhuyan, würden »rücksichtslos ausgebeutet«, und von den Profiten fließe kaum etwas zurück nach Assam.

Um 18 Uhr gehen in Guwahati die Lichter aus. Assams größte Stadt versinkt in gespenstischer Dunkelheit. Stromausfall, denkt man, aber dann stellt sich heraus, daß die Stadt einem Blackout-Aufruf der »United Liberation Front of Assam« (ULFA) gefolgt ist – um auf diese Weise an den Beginn der Militäroperationen vor genau sechs Jahren zu erinnern. Auch im Hotel gibt es nur Notbeleuchtung. Er sei zwar nicht immer mit der Vorgehensweise der ULFA einverstanden, sagt der Manager, »doch Sympathie habe ich«. Vielleicht aber auch nur Angst. Einen Tag später wird gemeldet, bewaffnete junge ULFA-Aktivisten seien in eine Zeitungsredaktion eingedrungen und gegenüber Redakteuren handgreiflich geworden – weil die sich am Protest nicht beteiligt hätten.

Einschüchterung, Kidnapping, Erpressung, Anschläge, Morde, ethnische Säuberungen: Der Gärungsprozeß ist in vollem Gange. Die hohe Arbeitslosigkeit treibt den Militanten immer neue Freiwillige zu, die geographische Lage verschafft ihnen jenseits der Grenzen zu Bhutan, Birma und Bangladesch Rückzugsmöglichkeiten und Transitrouten für den Waffennachschub. Eng verwoben mit Südostasiens Drogenmafia, bringen die Rebellengruppen offenbar durch Kurierdienste das Geld auf, das die Anschaffung immer modernerer Waffen kostet. Delhi hat auf diese Herausforderung bislang nur eine Antwort gewußt: militärische Gewalt.

Auch deshalb sitzen die Menschenrechtler an diesem kalten Abend in Imphal zusammen. Sie reden über die massive Präsenz der Sicherheitskräfte im Staat: »Ein Soldat auf dreißig Manipuris.« Sie beklagen die »schwarzen Gesetze« mit ihren »nahezu unbeschränkten Vollmachten«, die von den Militärs »exzessiv« genutzt würden – »als Lizenz zum Töten«. In der Bevölkerung wollen sie eine »Angstpsychose« festgestellt haben. Fälle von Unbeteiligten, die in diesem Konflikt zwischen Aufständischen und Staatsmacht getötet worden sind, wollen sie in einer Dokumentation darstellen. Sie wissen, daß Aufklärungsarbeit gefährlich ist: Bereits zwei führende Menschenrechtler sind im Nordosten umgebracht worden.

Doch am nächsten Tag bei hellem Sonnenschein werden die düsteren Bilder von erfreulicheren Ausblicken verdrängt: 1998 will Manipur die indischen »National Games« ausrichten, und zu diesem Zweck wird in Imphals Ortsteil Khuman Lampak ein Sportkomplex hochgezogen. Endlich mal ein Beispiel dafür, was der Nordosten an Positivem zu leisten vermag – oder vielleicht doch nicht? Ein Teil der Tribüne des neuen Hockeystadions ist gerade zusammengekracht. Das sieht verdächtig danach aus, als sei am Baumaterial stark gespart und das Geld statt dessen in die Taschen korrupter Politiker und Unternehmer geleitet worden.

Das nämlich kommt zu allem anderen noch dazu: Das Gemauschel, die Geschäftemacherei der Regierenden, die allen frommen Erklärungen zum Trotz großes Interesse an der Erhaltung des Status quo haben, weil Aufruhr und Chaos einen so idealen Rauchvorhang abgeben, hinter dem sich in aller Ruhe die dreckigen Deals abwickeln lassen. Deshalb wird ja auch Politik und Untergrund in Indiens Nordosten ein geradezu symbiotisches Verhältnis nachgesagt: Die einen zahlen Geld, die anderen gewähren Schutz. Klar, daß sich die Politiker bei solchen Prioritäten nicht auch noch mit der Frage beschäftigen können, was zum Beispiel in Manipur mit den dreißigtausend College-Absolventen geschehen soll, die jedes Jahr auf den Arbeitsmarkt kommen.

Es gibt keine Jobs, und die einzige Großindustrie, die Regierungsbürokratie, ist mit 65.000 Beamten bereits absurd aufgebläht. In der staatlichen Transportgesellschaft etwa gibt es 36 Angestellte für jeden Bus. Verfettete Staatsbetriebe, aber sonst nur Mangel und Defizit. Obwohl von der Natur gesegnet, kann sich Manipur ebenso wie die anderen sechs Schwestern nicht selber ernähren, sondern ist darauf angewiesen, daß die Transporte aus dem Kernland durchkommen – trotz der langen Wege, trotz der Rebellen, trotz der in der Regenzeit so häufigen Erdrutsche. Das alles treibt natürlich die Preise hoch. Verglichen mit dem Rest des Landes ist der Nordosten ein teures Pflaster. Ein Kaff wie Aizawl, Hauptstadt von Mizoram, soll die teuerste Stadt Indiens sein.

Lösungen? Scheinlösungen: In Meghalaya flüchten sie sich in Alkohol, in Mizoram, Manipur und Nagaland in Drogen – abzulesen auch an der stark ansteigenden Aids-Kurve. Oder sie versuchen, wie die Meiteis in Manipur, die angebliche Glorie längst vergangener Tage heraufzubeschwören, indem sie die alten Handschriften und die alten Feiertage wiederbeleben und statt von Manipur von Kangleipak sprechen – wie der Staat im Altertum hieß. Einen kleinen Hoffnungsschimmer für den Nordosten allerdings gibt es: Das Verhältnis zwischen Indien und Bangladesch beginnt sich zu verbessern und damit die Aussicht, daß offene Grenzen und reaktivierte alte Verkehrsverbindungen vielleicht zusammenwachsen lassen, was zusammengehört.

Ist das zu optimistisch? Der Kunde in einem Postamt von New Delhi möchte ein Fax geschickt haben nach Shillong in Meghalaya. Die Sache ist schnell erledigt, der Postbeamte verlangt sechzig Rupien. »Wieso sechzig?« fragt der Kunde, der sich gut auskennt, »dreißig ist der Tarif.« Der Beamte hinter dem Schalter schüttelt den Kopf: »Ins Ausland immer noch sechzig, Sir.«

Januar 1997